# WENN DIE DINOSAURIER NOCH LEBTEN

Autor

*Dougal Dixon*

Wissenschaftliche Beratung

*Professor Mike Benton*

Universität von Bristol

**Genehmigte Lizenzausgabe für F.X. Schmid**

Originaltitel: If Dinosaurs Were Alive Today

With special thanks to our team of illustrators: *Leonello Calvetti, Frank DeNota, Andrew Kerr,*
*Simon Mendez, Peter Scott, Franco Tempesta*

ticktock Project Manager: *Jo Hanks*
ticktock Project Designer: *Graham Rich*

Beratung: *Professor Mike Benton, University of Bristol*
Übersetzung: *Dr. habil. Wolfgang Hensel*

Design Creation: *Jo Hanks, Matt Harding, Graham Rich*
Designers: *Matt Harding, James Powell, Lee Playle, Justin Spain*
Picture Research: *Julia Adams, Jo Hanks, Lizzie Knowles*
Umschlagfoto: © *iStockphoto.com/Ratstuben*

Additional thanks to: *Becca Clunes, Sophie Furse, the staff and pupils*
*of Tunbridge Wells Grammar School for Boys, Tunbridge Wells*

# DIE GESCHICHTE DER DINOSAURIER

Die Erde ist 4,5 Milliarden Jahre alt. In 3,6 Milliarden Jahre altem Gestein finden sich die ältesten Spuren von Leben. Seit damals haben sich die Lebewesen ständig verändert und ihre Form und ihr Verhalten immer wieder an die Umwelt angepasst.

Die meisten alten Lebewesen haben keine Spuren hinterlassen. Ihre weichen Körper zerfielen nach ihrem Tod. Vor 500 Millionen Jahren fand eine echte Revolution in der Geschichte des Lebens statt: Zum ersten Mal tauchten Tierarten mit harten Schalen auf. Diese Schalen blieben nach dem Tod der Tiere als versteinerte Fossilien erhalten.

Den nächsten revolutionären Sprung machte die 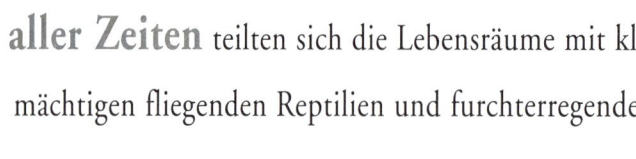 Evolution, als die ersten Lebensformen das Meer verließen und sich an Land ansiedelten – vor 400 Millionen Jahren. Nachdem das Leben auf dem Land Fuß gefasst hatte, entwickelten sich die Tiere zu vielfältigen und sehr unterschiedlichen Formen.

Die Dinosaurier sind eine besonders faszinierende und die wahrscheinlich berühmteste Tiergruppe der Urzeit. Die größten Landtiere aller Zeiten teilten sich die Lebensräume mit kleineren vogelartigen Dinosauriern, mächtigen fliegenden Reptilien und furchterregenden Meeresmonstern.

Vor 65 Millionen Jahren verschwanden die Dinosaurier von der Erde.  Noch sind sich die Wissenschaftler nicht über die genaue Ursache einig. Wahrscheinlich stürzte ein gigantischer Asteroid auf die Erde und löschte fast alles Leben aus. Diese Katastrophe für die Dinosaurier bot anderen Tieren eine neue Chance: Die Säugetiere begannen ihren Siegeszug über die Erde.  Erst vor 4 Millionen Jahren kam es zu einer weiteren einschneidenden Veränderung. Die ersten Menschen erschienen auf der Erde. Der Mensch unterschied sich von allen seinen Vorgängern: Er war intelligent, konnte Werkzeuge herstellen und lebte in Gemeinschaften. Vermutlich machten sich schon die ersten Menschen Gedanken über die Entstehung ihrer Welt und das Leben auf der Erde.

Viel später fanden sie Fossilien in Gesteinen und suchten nach Erklärungen. **Sie hielten die gewaltigen Knochen für** die Überreste von Riesen und Drachen aus längst vergangenen Zeiten. Erst im 18. Jh. erkannten Forscher, dass **Fossilien die Überreste echter, aber ausgestorbener Pflanzen und Tiere waren.**

Zu Beginn des 19. Jh.s war die Suche nach Fossilien eine beliebte Freizeitbeschäftigung – die Wissenschaft der Paläontologie (Studium fossiler Pflanzen und Tiere) war geboren. Der englische Paläontologe **Sir Richard Owen erfand 1842 den Namen „Dinosaurier"** für die riesigen Lebewesen, die einst die Erde bevölkerten. Von nun an sollten die Dinosaurier die Neugier von Forschern und Laien beflügeln.

**Dinosaurier faszinieren uns** seit über zwei Jahrhunderten. Wie sähen sie neben den heute lebenden Tieren aus, vielleicht der turmhohe *Sauroposeidon* neben dem Afrikanischen Elefanten – dem größten heute lebenden Landtier? **Hätten diese prähistorischen Pflanzenfresser eine Überlebenschance?** Könnten sie sich gegen die Konkurrenz der Pflanzenfresser behaupten? Käme ihre Verdauung mit den modernen Pflanzen zurecht?

Und wie sieht es mit den furchterregenden, mächtigen Fleischfressern der Dinosaurierzeit aus? Könnten sie ihre **Jagdstrategie auf die heute** lebenden **Pflanzenfresser abstimmen?** Könnte *Tyrannosaurus* eine Antilope erlegen? Gäbe es ein prähistorisches Raubtier, das schneller wäre als ein Gepard – das schnellste Raubtier unserer Zeit? Waren die prähistorischen Jäger der Ozeane groß und stark genug, um einen heutigen Wal zu erbeuten?

**Natürlich werden wir diese Tiere niemals in der Realität sehen.** Aber wir können unsere Fantasie spielen lassen. Forscher vergleichen die Fossilien mit dem Bau und dem Verhalten moderner Tiere. Natürlich wäre es viel spannender, **diese eindrucksvollen Tiere** aus der Vergangenheit **in Aktion zu erleben.** Stell dir vor, du könntest sie berühren und zwischen ihnen umhergehen – ein Abenteuer zwischen Neugier und Angst. **Könnten wir sie überhaupt kontrollieren?** Wie sähen unsere Städte und Landschaften aus, wie der Himmel und das Meer?

**Wie wäre das ... Wenn die Dinosaurier heute noch lebten?**

# Die Riesen der Steppe

Die Sonne brennt auf die heiße, trockene Steppe. Ein paar Elefanten haben sich am Wasserloch versammelt; sie trinken und baden, spritzen und planschen und genießen das kühle Wasser. Jeder der grauen Riesen wiegt so viel wie 50 erwachsene Menschen und ist über 3,50 Meter groß. Plötzlich erscheint ein monströses Tier, gegen das die Elefanten wie Zwerge wirken. Ein gewaltiger *Sauroposeidon* watet ins flache Wasser, ohne die mit Stoßzähnen bewaffneten Elefanten zu beachten. Er ist doppelt so groß wie sie und zehnmal so schwer.

*Sauroposeidon* war das größte Landtier aller Zeiten. Gegen ihn sahen alle anderen Tiere auf den Steppen der Kreidezeit winzig aus. Er gehörte zur Gruppe der Brachiosaurier, Pflanzenfresser mit langen Hälsen. Wie eine Giraffe fraß er die Blätter hoher Bäume. Die Elefanten rücken zwar sicherheitshalber etwas zur Seite, wirklich fürchten brauchen sie diesen riesigen Pflanzenfresser aber nicht – nur einen versehentlichen Schlag mit dem mächtigen Schwanz.

# Sauroposeidon

**Fossilienfunde** In der Felsformation Antlers Rock in Oklahoma (USA) wurden vier riesige Halswirbel gefunden.

**Name** *Sauroposeidon* bedeutet „Poseidon-Echse", nach dem griechischen Gott der Meere und des Erdbebens.

**Zeit** Unterkreide; vor 112 Millionen Jahren.

**Verwandtschaft** Ein Brachiosaurier aus der Gruppe der „Großnasen"; Brachiosaurier waren die größten prähistorischen Landtiere aller Zeiten.

**Lebensraum** Offene Steppen mit kleinen Wäldchen.

**Körperliche Merkmale** Wie alle Sauropoden („Eidechsenfüßige") hatten sie besonders lange Hälse.

## KÖRPERBAU

Als Paläontologen die Halswirbel von *Sauroposeidon* entdeckten, hielten sie die riesigen Knochen zuerst für versteinerte Baumstämme! Die dünnen, leicht gebauten Halswirbel enthalten ein System von Luftkammern. So war der Hals relativ leicht und besser beweglich.

**Versteinerter Baumstumpf**
(Querschnitt)

**Sauroposeidon**
Halswirbel (Querschnitt)

Knochen ———

Luft-
kammer ———

## SPURENSUCHE

21 m
18 m
15 m
12 m
9 m
6 m
3 m
0 m

*Sauroposeidon*

*Brachiosaurus*

*Elefant*

Aus Form und Größe der gefundenen Halswirbel schlossen die Paläontologen, dass *Sauroposeidon* so ähnlich aussah wie *Brachiosaurus* – er war nur viel, viel größer.

# Kopfstöße

Ein lauter Knall schallt durch das Hochtal der Rocky Mountains. Was sich wie ein Schuss anhört, sind in Wirklichkeit zwei aufeinanderprallende Köpfe. Ein Dickhorn-Widder kämpft mit einem *Stegoceras*. In der Paarungszeit greifen die Widder jeden Rivalen an, der ihnen zu nahe kommt. Ein solcher Kampf kann bis zu 20 Stunden dauern.

Vermutlich würde sich *Stegoceras* im Gebirge noch immer wohlfühlen. Sein Körperbau ist gut an die Kämpfe angepasst: Die dicken Knochen auf seinem Kopf fangen den harten Aufprall eines Kopfstoßes ab und schützen ihn vor Verletzungen. Starke Muskeln am Hals und Rücken geben ihm die Kraft, den Körper im Kampf gerade und steif zu halten: Er war ein außerordentlich kräftiger Dinosaurier.

# Stegoceras

**Fossilienfunde** Montana (USA) und Alberta (Kanada).

**Name** *Stegoceras* bedeutet „gehörntes Dach".

**Zeit** Oberkreide; vor 83–70 Millionen Jahren.

**Verwandtschaft** Die Marginocephalier waren Dinosaurier mit „verzierten" Köpfen. *Stegoceras* gehörte zu den Pachycephalosauriern. Ihren Kopf krönte ein kuppelförmiges Schädeldach.

**Lebensraum** Wahrscheinlich im Gebirge.

**Körperliche Merkmale** Kleine Dinosaurier mit massivem Schädel, die auf zwei Beinen liefen.

## DICKSCHÄDEL

*Stegoceras* war ein echter Dickschädel. Die Schädel der Pachycephalosaurier („dick-köpfige Echsen") wurden von einer massiven Knochenkuppel gekrönt. Vermutlich benutzten sie ihn als Rammbock bei Rivalenkämpfen um die Führung einer Herde oder um Feinde abzuwehren. Entweder zielten sie mit dem Kopf auf die Flanke oder den Kopf ihres Gegners.

## KÄMPFEN ODER FLIEHEN?

Bison

*Stegoceras*

Steinbock

| 0 m | 1,5 m | 3 m | 4,5 m |
|---|---|---|---|

Alle Pachycephalosaurier benutzten ihren Kopf mit dem massiven Schädeldach als Waffe im Kampf. Vermutlich konnten sie aber auch gut riechen und dadurch rechtzeitig vor ihren Feinden fliehen.

# Cool bleiben

In dem Schatten, den das Rückensegel eines *Ouranosaurus* wirft, ruht sich ein erschöpftes Kamel aus. Im Juni steigen die Temperaturen in Ägypten auf 41 °C an. Schatten gibt es kaum. Dank seines Rückensegels kommt *Ouranosaurus* gut mit der Hitze zurecht: Es wird von Stacheln gestützt und ist gut durchblutet. Der Wind kühlt das Blut und damit den Körper ab.

Einige Paläontologen glauben, dass *Ouranosaurus* kein Segel, sondern einen Höcker auf dem Rücken trug. Darin hätte er wie ein Kamel Fett für Notzeiten speichern können. Wegen der Klimaerwärmung dürfte sich ein Tier mit guter Wärmeregulierung wie *Ouranosaurus* auch in unserer Zeit wohlfühlen.

# Ouranosaurus

**Fossilienfunde** Niger (Afrika).

**Name** *Ouranosaurus* bedeutet „tapfere Echse".

**Zeit** Unterkreide; vor 125–112 Millionen Jahren.

**Verwandtschaft**
Ornithopoden waren Dinosaurier mit vogelartigen Füßen. Die meisten Arten waren klein und liefen auf zwei, die größeren auf vier Beinen. *Ouranosaurus* gehörte zu den Iguanodontiden, einer relativ ursprünglichen Gruppe.

**Lebensraum** Offene Steppenlandschaften.

**Körperliche Merkmale**
Großer Iguanodontide mit einem auffallenden Segel auf Rücken und Schwanz.

## EIN HERVORSTECHENDES MERKMAL

Das Rückensegel von *Ouranosaurus* wurde von einer Reihe langer, breiter Stacheln entlang der Wirbelsäule gestützt. Sie sahen aus wie ein Lattenzaun. Ein ähnliches Rückensegel trug auch der große Fleischfresser *Spinosaurus*, der zur gleichen Zeit in derselben Region lebte. Entweder diente das Segel dazu, den Körper aufzuheizen und abzukühlen, oder es war wie ein Kamelhöcker mit Fettvorräten für Notzeiten gefüllt.

## HEISS ODER KALT – KEIN PROBLEM!

**Ouranosaurus**

**Blauer Felsenleguan**

*Ouranosaurus* benutzte das Segel, um seine Körpertemperatur zu regulieren. Das Gleiche macht der heute lebende Felsenleguan. Sein flacher Körper heizt sich am Morgen in der Sonne und durch die Wärme des Felsens rasch auf.

# Angriff!

Das Breitmaulnashorn spürt, wie der Boden unter seinen Füßen erzittert und wittert Gefahr. Ein ausgewachsener *Styracosaurus* wiegt fast drei Tonnen und ist ein mächtiger Gegner. Dennoch denkt das Nashorn nicht an Flucht. Es wiegt fast genauso viel und wird sein Revier mit aller Kraft verteidigen. Die beiden donnern aufeinander zu – sechs Tonnen Muskeln prallen aufeinander.

In der Oberkreide teilte sich *Styracosaurus* seinen Lebensraum mit anderen gehörnten, in Herden lebenden Dinosauriern. Die Mitglieder einer Art erkannten sich an der Form des Kopfes und der Hörner und respektierten ihre Reviere. Wahrscheinlich würde *Styracosaurus* das Nashorn an seinem Horn als „fremd" erkennen und angreifen oder sich zurückziehen.

# Styracosaurus

**Fossilienfunde** Montana (USA), Alberta (Kanada).

**Name** *Styracosaurus* bedeutet „stachelige Echse".

**Zeit** Kreide; vor 135–65 Millionen Jahren.

**Verwandtschaft** Margino-cephalier – Dinosaurier mit „verzierten" Köpfen. *Styracosaurus* gehörte in dieser Gruppe zu den Ceratopsiden; sie hatten kräftige Nackenschilde und Hörner auf dem Vorderschädel.

**Lebensraum** Offene Wälder.

**Körperliche Merkmale** Ceratopside mit kleinem Nackenschild mit kurzen Hörnern am Rand und einem langen Nasenhorn.

## KOPFSCHMUCK

Der breite Nackenschild und die spitzen Hörner ließen *Styracosaurus* größer erscheinen. Damit sollten Angreifer abgeschreckt werden. Die Paläontologen glauben, dass dieser Dinosaurier als zusätzliche Abschreckung eine bunt gefärbte Haut besaß.

## LANGE HÖRNER, KURZE HÖRNER

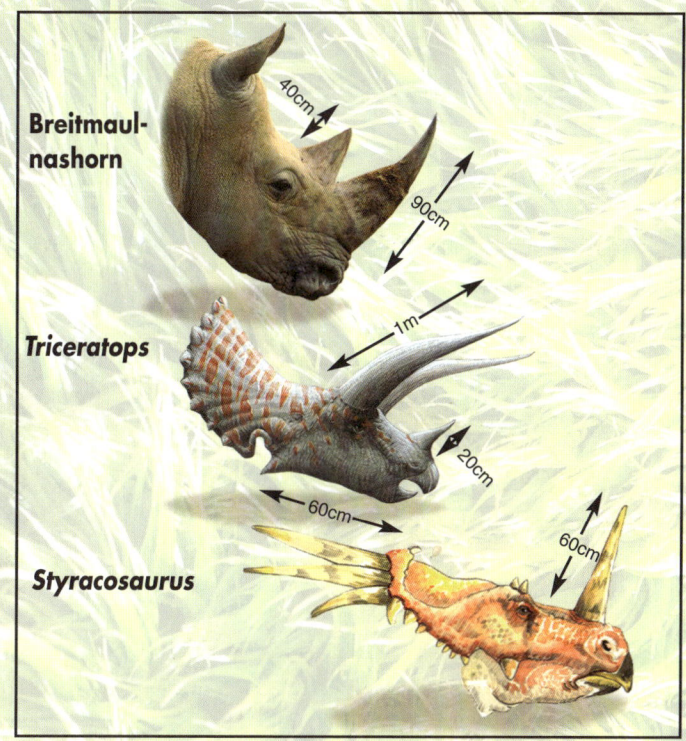

Breitmaul-nashorn — 40cm — 90cm

Triceratops — 1m — 20cm — 60cm

Styracosaurus — 60cm

Die Hörner von *Triceratops* und *Styracosaurus* waren völlig anders angeordnet – auch anders als beim Nashorn. Die verschiedenen Arten erkannten sich an der Zahl und Größe ihrer Hörner.

# Ring frei

Ein junger *Plateosaurus* hat sich aus dem sicheren Dickicht gewagt, um auf einer Lichtung Zweige und Nadeln zu fressen. Plötzlich wird er von einem Tiger angegriffen – sicher würde unsere größte Raubkatze dieses große Tier als Beute schätzen. Allerdings ist *Plateosaurus* nicht ganz so unbeholfen, wie er aussieht. Er könnte den Tiger mit einem Schlag seines Schwanzes umwerfen.

*Plateosaurus* war an die karge Pflanzenwelt der Trias angepasst. Zu seiner Zeit hatte er nur die kleinen, aber sehr schnellen Theropoden zu fürchten. Gegen die großen Fleischfresser unserer Zeit könnte er sich auch mit den großen Krallen an den Vorderfüßen nicht verteidigen.

# Plateosaurus

**Fossilienfunde** Deutschland, Schweiz und Frankreich.

**Name** *Plateosaurus* bedeutet „robuste Echse".

**Zeit** Obertrias; vor 225–200 Millionen Jahren.

**Verwandtschaft** Prosauropoden – die ersten Vertreter der langhalsigen Pflanzenfresser. Sie hatten massige Körper und gingen auf den Hinterbeinen oder auf allen vieren. Aus einer ihrer Familien gingen später die Sauropoden hervor, die riesigen, pflanzenfressenden Dinosaurier mit langen Hälsen.

**Lebensraum** Oasen in der Wüste.

**Körperliche Merkmale** Großer, schwerer Prosauropode.

## DER ERSTE SEINER ART

*Plateosaurus* war die erste Art der großen pflanzenfressenden Dinosaurier. Er streifte in Herden durch Nordeuropa und wanderte mit den Jahreszeiten von Futterplatz zu Futterplatz. In ausgetrockneten Flüssen wurden mehrere Skelette gefunden: Die Tiere waren im Treibsand stecken geblieben und wurden von kleinen fleischfressenden Dinosauriern und krokodilartigen Reptilien zerrissen.

## LETZTER PLATZ

*Plateosaurus* 0,2

Elefant 1,87

Delfin 5,31

Mensch 7,44

Um die Intelligenz eines Lebewesens einzuschätzen, vergleichen Wissenschaftler das Gewicht des Gehirns im Verhältnis zum Körpergewicht. Die Skala beginnt bei 0 und endet bei 8. *Plateosaurus* war ganz offenbar nicht besonders intelligent: Er wird von allen modernen Tieren übertroffen.

# Clevere Täuschung

Die drei Sifakas haben einen Eindringling entdeckt. Neugierig und etwas ängstlich greifen sie den Kopf des Neulings an, springen aber gleich wieder in Sicherheit. Dabei bemerken sie gar nicht, dass sie eigentlich den Schwanz attackieren. Für den jungen *Ankylosaurus* ist der Angriff der Sifakas nicht einmal lästig. Das große, schwere Tier läuft völlig unbeeindruckt weiter.

*Ankylosaurus* war ein stark gepanzerter Dinosaurier, dessen Schwanz in einer Keule endete. Vielleicht benutzte er den Schwanz als Waffe, wie ein Ritter seinen Streitkolben, oder er täuschte damit einen Angreifer: Auf den ersten Blick sieht die dicke Schwanzspitze wie ein Kopf aus und könnte Feinde von den verletzlichen Körperteilen abgelenkt haben. Um seinen schwer gepanzerten Körper bewegen zu können, war *Ankylosaurus* mit Muskeln bepackt. Er hätte, wie der Indische Elefant, sicher ein perfektes Lasttier abgegeben.

# Ankylosaurus

**Verwandtschaft** Thyreophora (gepanzerte Dinosaurier) waren in zwei Linien aufgespalten: Die Stegosaurier trugen aufrechte Platten und Stacheln, die Ankylosaurier Panzerplatten auf dem Rücken.

**Fossilienfunde** Texas und Wyoming (USA), Alberta (Kanada).

**Name** *Ankylosaurus* bedeutet „versteifte Echse".

**Zeit** Oberkreide; vor 70–65 Millionen Jahren.

**Lebensraum** Wälder.

**Körperliche Merkmale** Schwer gepanzerter Dinosaurier mit einer knöchernen Keule am Schwanzende.

## KILLERSCHWANZ

*Ankylosaurus* war der größte gepanzerte Dinosaurier. Sein Kopf bestand aus massiven Knochenplatten, und auch sein Rücken war bis zum Schwanz durch Platten geschützt. Der Schwanz war gerade und steif, wie der Stiel einer Keule, und endete mit einer massiven knöchernen Verdickung. *Ankylosaurus* schlug die Keule mit Wucht gegen die Beine eines Angreifers.

## PANZER und ERWACHSENER *ANKYLOSAURUS*

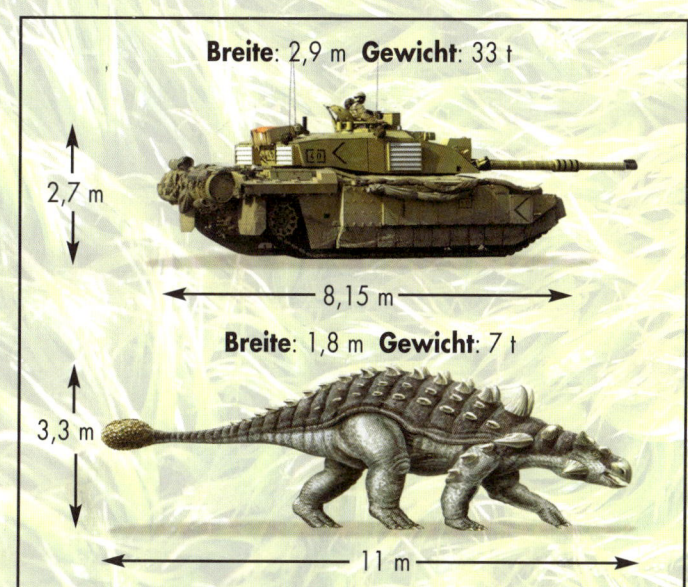

**Breite**: 2,9 m **Gewicht**: 33 t

2,7 m

8,15 m

**Breite**: 1,8 m **Gewicht**: 7 t

3,3 m

11 m

Die dicken Knochenplatten eines *Ankylosaurus* konnte kein Raubtier zerbeißen – ein sicherer Schutz. Moderne Panzer werden ganz ähnlich durch Stahlplatten vor Kugeln und Granaten geschützt.

# Der längste Dinosaurier

Chaos am Flughafen! Eine *Seismosaurus*-Herde überquert die Landebahn. Alle Flugzeuge bleiben in Warteposition, während die riesigen Tiere vorbeiziehen. Nachdem sie abgezogen sind, machen sich Sicherheits- und Wartungsteams an die Beseitigung der Schäden.

Auf weiten, offenen Flächen wie einem Flughafen hätten sich die großen Sauropoden sicher wohlgefühlt. Sie lebten in den trockenen, offenen Landschaften des oberen Jura in Nordamerika und fraßen die Blätter der Bäume, die entlang von Flüssen wuchsen. Vermutlich wären ihnen die rollenden Flugzeuge nicht einmal aufgefallen: Sie waren an andere große Sauropoden gewöhnt.

# Seismosaurus

**Fossilienfunde** Montana (USA), Alberta (Kanada).

**Name** *Seismosaurus* bedeutet „erderschütternde Echse".

**Zeit** Oberer Jura; vor 83–70 Millionen Jahren.

**Verwandtschaft** Diplodociden waren eine Gruppe der Sauropoden, lang gestreckte, schlanke Pflanzenfresser mit langen Hälsen. Sie waren die wichtigsten Pflanzenfresser des Oberen Jura.

**Lebensraum** Wälder an Flüssen.

**Körperliche Merkmale** Sauropode mit einem elefantenartigen Körper und sehr langem Hals und Schwanz.

## WER IST DER GRÖSSTE?

Von *Seismosaurus* wurde nur ein einziges, allerdings nicht vollständiges Skelett gefunden. Damals schätzten Paläontologen seine Länge auf 45 Meter – der längste Dinosaurier aller Zeiten. Heute gehen sie davon aus, dass er kleiner war, möglicherweise nur wenig größer als sein naher Verwandter *Diplodocus*.

*Seismosaurus*

*Diplodocus*

## SAUROPODE und MENSCH

1,8 m
1,5 m
1,2 m
0,9 m
0,6 m
0,3 m
0 m

*Seismosaurus* hatte wirklich sehr lange Knochen! Dieser Oberschenkel stammt zwar von einem *Diplodocus*, aber die Knochen von *Seismosaurus* waren genauso riesig.

# Herdentiere

Zahlreiche dreizehige Füße trampeln über die Wiese. Eine Gruppe *Psittacosaurier* rückt enger zusammen, als sich Raubtiere nähern. Innerhalb der Herde fühlen sich die Tiere sicherer. Eines verlässt versehentlich die schützende Gruppe. In der Kreidezeit wäre es Raubtieren zum Opfer gefallen; die Hütehunde drängen es zu den anderen zurück.

Vielleicht wären kleine Pflanzenfresser wie *Psittacosaurus* leicht zu züchten und würden heute auf Bauernhöfen gehalten. Ihr Herdentrieb wäre aber erhalten geblieben, denn die Herde ist wichtig für das Überleben. Der einzelne kleine Pflanzenfresser lebt innerhalb der Herde in größerer Sicherheit, denn Raubtiere picken sich immer nur ein Tier heraus.

Alle übrigen bleiben verschont.

# Psittacosaurus

**Fossilienfunde** Mongolei, China und Thailand.

**Name** *Psittacosaurus* bedeutet „Papageien-Echse".

**Zeit** Unterkreide; vor 120–95 Millionen Jahren.

**Verwandtschaft** Margino-cephalier waren Dinosaurier mit „verzierten" Köpfen. Zu dieser Gruppe gehörten auch die Psittacosaurier: kleine zweibeinige Arten mit einem Schnabel, der an einen Papagei erinnerte.

**Lebensraum** Wüsten und Steppen.

**Körperliche Merkmale** Lange Beine, kurze Arme; sie liefen auf zwei Beinen; eckiger Kopf mit einem papageienarti-gen Schnabel. *Psittacosaurier* waren etwa 1,90 Meter lang.

## ELTERN UND KINDER

Diese jungen *Psittacosaurier* und ein Elternteil wurden 2004 in Liaoning (China) ausgegraben. Der Fund war bemerkenswert, denn es gibt nur wenige Fossi-lien dieser Art: Sie beweisen, dass sich Dinosaurier um ihren Nachwuchs kümmerten.

## PAPAGEIENKOPF

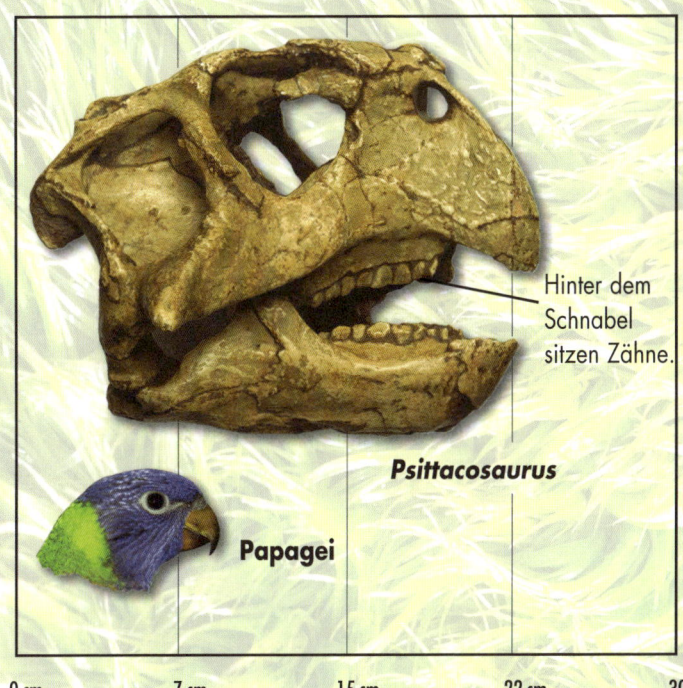

Hinter dem Schnabel sitzen Zähne.

*Psittacosaurus*

Papagei

0 cm          7 cm          15 cm          22 cm          30 cm

Obwohl Kopf und Schnabel eines *Psittacosaurus* an einen modernen Papagei erinnern, gibt es einen wichtigen Unterschied: *Psittacosaurus* hatte Zähne.

23

# Das Leben der Pflanzenfresser

**Könnten** derart massige und an spezielle Umweltbedingungen angepasste Tiere heute wirklich existieren? Es wäre schwierig …

Sie würden vielleicht frei umherstreifen und überall Chaos anrichten. Wahrscheinlich fänden sie aber nicht genügend Futter für ihre massigen Körper. Einige dieser Tiere würden wir sicherlich für unsere Zwecke nutzen.

**Seismosaurus**

*In der Natur gibt es immer mehr Pflanzen- als Fleischfresser. Auf einer afrikanischen Savanne zögen also ganze Herden von Seismosauriern umher, aber nur wenige Löwen und Geparden.*

**Araukarie**

Wie alle Tiere entwickelten sich auch die pflanzenfressenden Dinosaurier in Anpassung an ihre Nahrung. Mammutbäume und andere Nadelbäume mit kurzen Nadeln entstanden zur gleichen Zeit wie die Prosauropoden (die Vorfahren von Sauropoden wie *Seismosaurus*). Da diese Bäume heute noch existieren, fänden die Pflanzenfresser genug Futter. Allerdings sind solche Nadelwälder viel kleiner als zu Lebzeiten der Dinosaurier und die meisten wachsen in Gebirgen. Vermutlich hätten sich die Pflanzenfresser mit den langen Hälsen dorthin zurückgezogen – wenn sie die Kälte hätten ertragen können. Andernfalls lebten sie wohl nur noch im Zoo.

Wäre es möglich, solche Riesen in einem Zoo oder einem Safaripark zu halten? Ein Bedarf wäre sicher da, denn die meisten Menschen sehen sich große Tiere gerne aus der Nähe an. Die Zoos müssten nur genügend Futter heranschaffen. Um eine einzige Familie von Sauropoden zu füttern, bräuchte man ganze Wälder mit Araukarien und Mammutbäumen. Bis jedoch solche Wälder aufgeforstet sind,

vergehen Jahrzehnte! Eine andere Möglichkeit wäre es, Dinosaurier als Nutztiere zu halten. Vielleicht gäbe es dann Dinosauriersteaks im Supermarkt, während sich Kühe, Schafe und Schweine zu den Rehen in die Wildnis zurückgezogen hätten.

Was die Dinosaurier fraßen, wissen wir aus fossilem Dung. Gräser gehörten allerdings niemals zu ihrer Hauptnahrung, denn zur Zeit der Dinosaurier gab es kaum Savannen und Grassteppen. Diese Landschaften entstanden erst, als die Dinosaurier bereits ausgestorben waren. Und heute? Hätten sich die Dinosaurier an diese reiche Nahrungsquelle angepasst, kämen sie heute genauso häufig vor wie vor Millionen von Jahren.

Gräser sind sehr hart. Pferde, Kühe und andere Grasfresser unserer Zeit haben mahlende Zähne und ein kompliziertes Verdauungssystem. Moderne Dinosaurier müssten ähnlich harte Zähne und einen vergleichbaren

**Triceratops**

Verdauungstrakt besitzen. Damit sähen sie völlig anders aus als ihre Vorfahren.

Die zweite große Gruppe von pflanzenfressenden Dinosauriern waren die Ornithischier. Dazu gehörten die zweibeinigen Ornithopoden, die Stegosaurier mit ihren Rückenplatten, gepanzerte Ankylosaurier und die gehörnten Ceratopsiden. Sie rissen Pflanzen mit einem Schnabel ab und zerkauten und zermahlten sie mit spezialisierten Zähnen. Da die Ceratopsiden unterschiedliche Pflanzen fressen konnten, wären sie heute vermutlich weiter verbreitet als die Sauropoden. Besonders kräftige Arten würden als Lasttiere für uns arbeiten.

Da die Menschen fast alle Orte der Erde besiedelt haben, blieben nur wenige ungestörte Lebensräume für die bekannten Dinosaurier übrig. Ein friedliches Zusammenleben zwischen Dinosauriern und Menschen wäre damit kaum möglich.

**Heutige Gräser**
*Gräser sind sehr widerstandsfähig und beinahe unverdaulich. Sie enthalten harte Kieselsäure, die sich beim Kauen wie Sandpapier anfühlt.*

# Schrecklicher Tyrann

Eine Büffelherde grast friedlich auf der offenen Prärie. Eines der Tiere wittert plötzlich die Gefahr und warnt die anderen mit einem Schnauben. Die Rinder fliehen in alle Richtungen vor dem schrecklichen *Tyrannosaurus*. Er hatte auf der Lauer gelegen und packt nun sein Opfer mit einem meterlangen Kiefer voller riesiger Zähne. Eine Filmcrew filmt alles vom Hubschrauber aus.

Viele Paläontologen vermuten, dass *Tyrannosaurus* seinen Opfern auflauerte. Andere halten ihn für zu groß und zu schwer für eine schnelle Jagd. Er soll sich daher von toten Tieren ernährt haben. Wahrscheinlich stimmt beides: *Tyrannosaurus* war ein Jäger, der auch tote Tiere nicht verschmähte oder einem Rivalen die Beute stahl. Heute fände *Tyrannosaurus* keine frei lebende Beute mehr, und die Rinderzüchter würden ihn jagen und ausrotten, um ihre Tiere zu schützen.

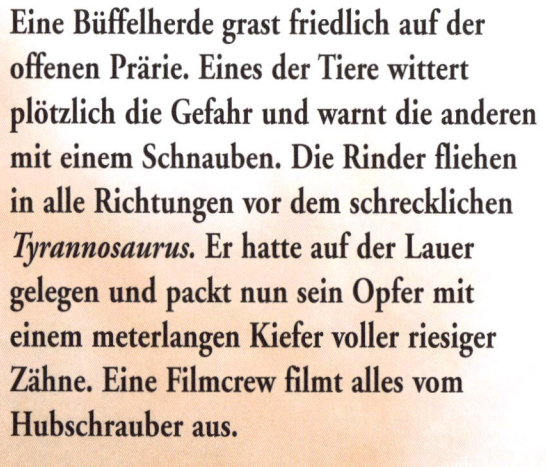

# Tyrannosaurus

**Fossilienfunde** Montana, South Dakota, Wyoming und Texas (USA); Alberta (Kanada). Insgesamt wurden 20 Exemplare gefunden.

**Name** *Tyrannosaurus* bedeutet „Tyrannen-Echse".

**Zeit** Oberkreide; vor 74–65 Millionen Jahren.

**Verwandtschaft** Tyrannosaurier waren eine der letzten Familien der fleischfressenden Theropoden. Die ersten Vertreter dieser Familie (sie lebten im Jura) waren nur so groß wie Truthühner. Bis zur Oberkreide hatten sich daraus riesige fleischfressende Arten wie *Tyrannosaurus* entwickelt.

**Lebensraum** Wälder oder Flussebenen.

**Körperliche Merkmale** Kurzer, breiter und massiger Schädel; die nach vorn gerichteten Augen ermöglichten räumliches Sehen.

## SCHÄDEL DES *TYRANNOSAURUS*

*Tyrannosaurus* konnte eine ganze Kuh in seinem Maul halten. Die Zähne in den kräftigen Kiefern drangen sogar durch die dicke Haut eines *Triceratops* und zermalmten seine Knochen mit einem Biss.

## TYRANNENZÄHNE

**Zahn eines *Tyrannosaurus***

**Zahn eines Tigers**

| 0 cm | 7 cm | 14 cm | 21 cm | 28 cm |

Der Backenzahn eines *Tyrannosaurus* war mit Wurzel bis 28 cm lang; das ist viermal länger als der Zahn eines heutigen Raubtieres.

# Unheimliche Aasfresser

Es ist Nacht in der Stadt. Die Aasfresser haben ihre Verstecke verlassen und folgen dem Duft des menschlichen Abfalls. Füchse haben längst den Weg aus der Wildnis in die Stadt gefunden. Sie sind nicht allein. Auch der kleine Dinosaurier *Coelophysis* jagte einst in der Wildnis – heute suchten sie wie Füchse nach essbarem Abfall. Die jungen *Coelophysis* sind bereit, dem größeren Fuchs seine Beute abzujagen.

*Coelophysis* hatte zwar den Körperbau eines schnellen, beweglichen Jägers, wäre aber mit den Essensresten einer Stadt völlig zufrieden. Vermutlich würde er sich heute mit Füchsen und Ratten um unseren Abfall streiten.

# Coelophysis

**Fossilienfunde** Arizona und New Mexico (USA).

**Name** *Coelophysis* bedeutet „Hohlform".

**Zeit** Obere Trias; vor 228–200 Millionen Jahren.

**Verwandtschaft** Coelophysiden sind eine ursprüngliche Form der fleischfressenden Theropoden. Sie waren sehr leicht gebaut, hatten schlanke Beine und waren sehr aktiv. Zu Beginn des Dinosaurierzeitalters besiedelten sie die ganze Welt.

**Lebensraum** Trockene Regionen und Oasen.

**Körperliche Merkmale** Kleine, leichte Fleischfresser mit langem Kiefer, Hals und Schwanz.

## EIN STÄNDIGER WETTBEWERB

*Coelophysis* war nicht der einzige erfolgreiche Fleischfresser seiner Zeit. Zu Beginn des Dinosaurierzeitalters waren fast alle Fleischfresser Leichtgewichte mit aktiver Lebensweise. Sie konkurrierten um dasselbe Nahrungsangebot: Sie jagten kleine Eidechsen und Krokodile und suchten nach den Körpern toter Tiere.

## TÜCHTIGE JÄGER IM RUDEL

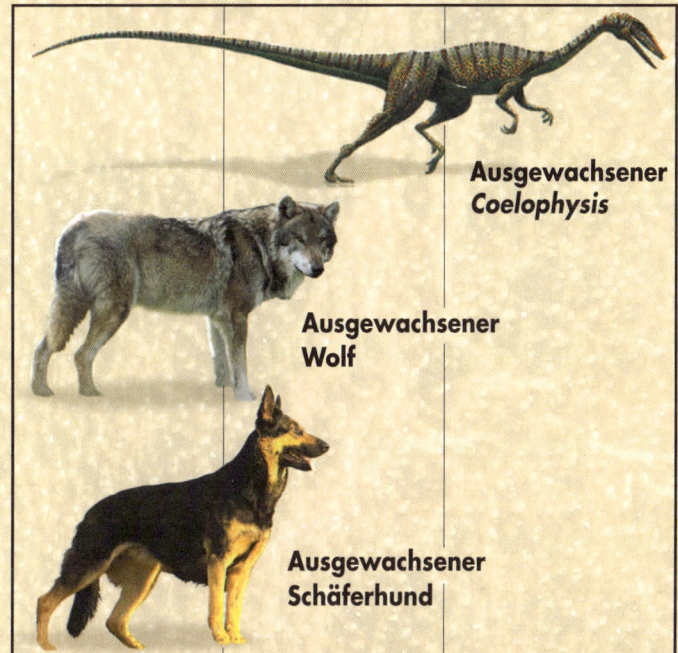

**Ausgewachsener Coelophysis**

**Ausgewachsener Wolf**

**Ausgewachsener Schäferhund**

0 m     0,9 m     1,8 m     2,7 m

Ähnlich wie die Wölfe und wilden Hunde unserer Zeit jagte *Coelophysis* im Rudel. Allerdings brauchte er weniger Nahrung, denn die Säugetiere verbrauchen viel Energie, um ihre Körpertemperatur zu halten.

# Starke Krallen

Wassermassen stürzen über die Felskante. Silbrig glitzern die springenden Lachse. Ein aufmerksamer Grizzly packt blitzschnell zu und schnappt sich einen Fisch aus der Luft. Noch ein Zugriff! Diesmal hat sich *Baryonyx* den Fisch geschnappt – aus den Tatzen des enttäuschten Bären. In diesem ungleichen Kampf haben die Grizzlys gegen den stärkeren Dinosaurier keine Chance.

Als das Skelett von *Baryonyx* gefunden wurde, erregte es sofort die Neugier der Paläontologen. So etwas hatten sie noch nie gesehen: Die Hände waren mit einer mächtigen Kralle bewaffnet, in dem langen, schmalen Kiefer saßen kleine Zähne wie bei einem Krokodil. In seinem Magen fand man die verdauten Überreste von Fischen. Offenbar fing *Baryonyx* seine Fische so ähnlich wie ein Grizzly. Entweder angelte er sie mit seiner hakenförmigen Kralle aus dem Wasser oder fing sie im Sprung mit dem Maul. Heute müsste er sich seinen Lebensraum mit Bären und Reihern teilen.

# Baryonyx

**Verwandtschaft** Spinosaurier waren fleischfressende Theropoden mit langer Schnauze und langem Rückensegel. Vielleicht trug auch *Baryonyx* ein Segel auf dem Rücken.

**Fossilienfunde** Südengland.

**Name** *Baryonyx* bedeutet „schwere Kralle".

**Zeit** Unterkreide; vor 130–125 Millionen Jahren.

**Lebensraum** Flussufer.

**Körperliche Merkmale** Lange, sehr schmale Schnauze mit zahlreichen kleinen, spitzen Zähnen. Sein Daumen trug eine mächtige Kralle.

## GROSSE KRALLE

Von *Baryonyx* wurde als Erstes eine riesige Kralle vom ersten Finger der Hand gefunden. Damit angelte er wahrscheinlich Fische aus dem Wasser. Schließlich wurden auch andere Skelettteile gefunden. Da in seinem Magen Schuppen und Fischgräten lagen, dürfte er wohl hauptsächlich Fische gefressen haben. Allerdings beweisen die Dinosaurierknochen im Magen, dass er sich auch an größere Beute wagte.

## FISCHJÄGER

**Grizzly**

**Fischotter**

**Baryonyx**

**Graureiher**

| 0 m | 1 m | 3 m | 6 m | 9 m |
|---|---|---|---|---|

Nicht einmal der Grizzly, der größte Fischjäger unserer Zeit, erreicht annähernd die Körpergröße eines *Baryonyx*.

# Jäger im Rudel

Ein Rotes Riesenkänguru hüpft durch das australische Outback. Der schnellste Pflanzenfresser weit und breit hat kräftige Hinterbeine und balanciert seine Sprünge mit dem Schwanz aus. Gegen die beiden genauso flinken *Troodon* mit ihren spitzen Krallen an den Händen, ihren Killer-Krallen an den Beinen und ihren stahlharten Zähnen wäre er allerdings chancenlos.

Da in der Kreidezeit viele schnelle Pflanzenfresser lebten, mussten sich die Raubtiere anpassen: Viele wurden zu sehr guten Läufern. *Troodon* hatte lange, schlanke Beine wie ein moderner Gepard. Damals machte er Jagd auf die schnellen Hypsilophodonten, die etwa so groß waren wie er selbst. Heute würde er sich vermutlich an Kängurus halten. Überall dort, wo es flinke Pflanzenfresser gibt, stellen sich auch entsprechend schnell laufende Raubtiere wie *Troodon* ein.

# Troodon

**Fossilienfunde** Montana und Wyoming (USA); Alberta (Kanada).

**Name** *Troodon* bedeutet „verwundender Zahn".

**Zeit** Oberkreide; vor 80–65 Millionen Jahren.

**Verwandtschaft** Troodontiden waren eine späte und besonders vogelähnliche Gruppe der Theropoden. Sie gehörten zu den Coelurosauriern mit leichten Knochen und einem steifen Schwanz, mit dem sie im Lauf die Balance hielten.

**Lebensraum** Offene Steppen.

**Körperliche Merkmale** Schlanker Körper, lange Beine und drei Finger an der Hand; im Verhältnis zum Körper großes Gehirn.

## NEST UND EIER

*Troodon* ist eng mit den Vögeln verwandt. Er legte seine Eier in schützende Nester, einfache Ringe aus Lehm. Da in den Nestern je zwei Eier lagen, hatten die weiblichen *Troodon* vermutlich zwei Eileiter (heutige Vögel haben nur einen). *Troodon* hatte schon Federn; sie hielten ihn warm, zum Fliegen waren sie nicht geeignet. Heutige Vögel sind leichter gebaut und perfekt an das Fliegen angepasst.

## GROSSES GEHIRN

Emu – Gehirngröße    Troodon – Gehirngröße

Emu

Troodon

*Troodon* hatte unter allen Dinosauriern das größte Gehirn im Verhältnis zur Körpergröße. Sein Gehirn fällt selbst im Vergleich mit dem heutigen, etwa gleich großen Emu sehr groß aus.

# Der schnellste Dinosaurier der Welt

Die Zuschauer feuern die Jockeys und ihre Rennpferde auf der Zielgeraden an. Trotz vieler Jahre hartem Training können sie aber nicht mit den *Struthiomimus* mithalten, die sich ihnen angeschlossen haben. Diese schlanken, langbeinigen Dinosaurier kommen scheinbar mühelos auf 65 Kilometer pro Stunde. Diese Schnelligkeit war für die Zeitgenossen der gewaltigen Raubtiere *Tyrannosaurus* und *Giganotosaurus* überlebenswichtig.

Vielleicht würden wir die Schnelligkeit von *Struthiomimus* heute tatsächlich bei einer neuen Sportart bewundern. Er war Vorfahr der Vögel und ähnelte den heutigen flugunfähigen Straußen und Emus. *Struthiomimus* lebte und jagte in Rudeln. Sein Gehirn war im Verhältnis zur Körpergröße relativ groß, also dürfte er nicht nur schnell, sondern auch clever gewesen sein!

# Struthiomimus

**Fossilienfunde** Nordamerika.

**Name** *Struthiomimus* bedeutet „dem Strauß gleichend".

**Zeit** Oberkreide; vor 97–65 Millionen Jahren.

**Verwandtschaft**
Ornithomimiden – die „Vogelähnlichen" – gehörten zu den Theropoden. Sie hatten plumpe, massige Körper, große Augen, um Gefahren in weiter Ferne zu erkennen, und lange Laufbeine.

**Lebensraum** Offene Steppen.

**Körperliche Merkmale**
Kleiner, zweifüßiger Dinosaurier mit zahnlosem Kiefer und einem langen Hals.

## LANGER SCHWANZ

In diesem fossilen Skelett ist der lange Schwanz von *Struthiomimus* gut zu sehen. Damit balancierte er seinen Körper bei hohen Geschwindigkeiten aus, er konnte Haken schlagen und bei Gefahr blitzschnell wenden.

## GEBAUT FÜR GESCHWINDIGKEIT

| 0 km/h | 40 km/h | 48 km/h | 56 km/h | 64 km/h | 72 km/h | 80 km/h |

Vermutlich war *Struthiomimus* der schnellste Dinosaurier. Er dürfte viele der heute lebenden Tiere glatt abhängen.

# Ein leiser Dieb

Die schrillen Schreie einiger Oviraptoren stören die Stille dieses Novembermorgens auf der Weihnachtsinsel. Die Roten Landkrabben haben die sicheren Wälder verlassen und machen sich auf ihren jährlichen Weg zum Meer: ein verfrühtes Weihnachtsfest für diese gefiederten Dinosaurier! Sie schnattern aufgeregt, um die gute Nachricht weiterzugeben.

Unsere heutigen Vögel sind eng mit *Oviraptor* verwandt. Allerdings nutzte *Oviraptor* ein breiteres Nahrungsangebot: Er hatte kräftige Kiefer, einen harten Schnabel und konnte problemlos den Panzer von Krabben und anderen Krustentieren knacken.

**WARNUNG VOR WANDERNDEN KRABBEN**

**ALLE AUTOFAHRER WERDEN GEBETEN, DER AUFFORDERUNG ZU FOLGEN**

Australian Nature Conservation Agency

SHIRE OF CHRISTMAS ISLAND

**WEICHEN SIE, WENN MÖGLICH, AUF EINE ANDERE STRASSE AUS**

# Oviraptor

**Verwandtschaft**
Oviraptoriden gehörten zu den Theropoden; sie hatten starke vogelartige Schnäbel und waren vermutlich gefiedert.

**Fossilienfunde** Mongolei (Asien).

**Lebensraum** Wüsten.

**Name** *Oviraptor* bedeutet „Eierdieb".

**Zeit** Oberkreide; vor 83–70 Millionen Jahren.

**Körperliche Merkmale** Ein truthahngroßer Theropode mit kurzem Schädel, massigem zahnlosem Schnabel und einem Kamm auf dem Kopf. Sein Skelett ähnelte dem moderner Vögel, daher sehen manche Paläontologen in ihm eine Art Vogel.

## EIERDIEB

Lange Zeit galt *Oviraptor* als Eierdieb, der Eier und Junge aus den Nestern anderer Dinosaurier stahl. Das erste gefundene Skelett lag nämlich neben einem Nest, das vermutlich dem gehörnten Dinosaurier *Protoceratops* gehörte. Erst 50 Jahre später fand man einen fossilen *Oviraptor*, der noch auf den Eiern im Nest saß. Er war beim Brüten von einem Sandsturm überrascht worden; in der Nähe lagen weitere Nester von Oviraptoren.

## VOGEL ODER KEIN VOGEL?

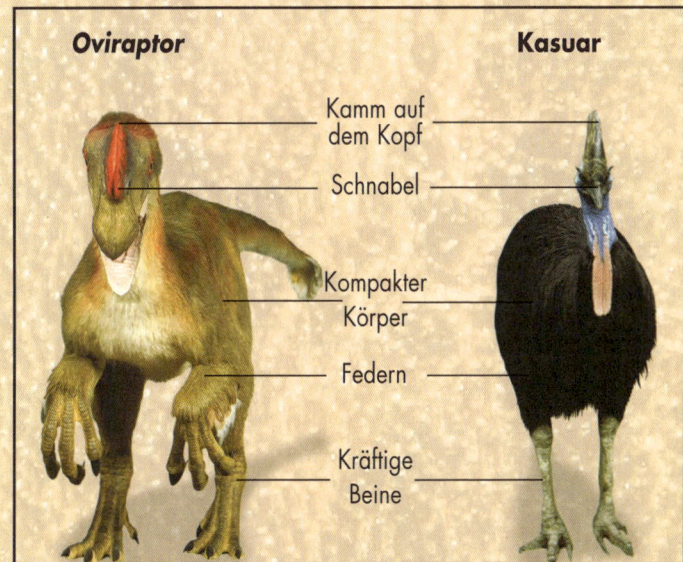

Oviraptor | Kasuar

Kamm auf dem Kopf
Schnabel
Kompakter Körper
Federn
Kräftige Beine

Mehrere Körpermerkmale von *Oviraptor* erinnern an den Körperbau eines modernen Vogels; einige Paläontologen sehen in ihm einen nahen Verwandten des Kasuars.

# Ein gefallener Riese

Verzweifelt versucht ein *Ceratosaurus*, sich gegen die Löwen zu wehren, doch auch ein Riese ist nicht unverwundbar. Selbst ein furchterregendes Raubtier wie *Ceratosaurus* hat gegen stärkere oder besser organisierte Raubtiere keine Chance. Alte oder kranke *Ceratosaurier* wären eine leichte Beute für ein hungriges Löwenrudel.

*Ceratosaurus* durchstreifte die Ebenen der Jurazeit. Er war mittelgroß und schlug sich zwischen den langhalsigen Sauropoden und zweibeinigen Ornithopoden seiner Zeit durch. *Ceratosaurus* war aber nicht das einzige Raubtier: *Allosaurus* war größer und stärker; *Ornitholestes* war kleiner, dürfte aber im Rudel gejagt haben. Alle konkurrierten um dieselbe Beute. Heute wäre *Ceratosaurus* vermutlich eine bedrohte Tierart und würde wie der Tiger geschützt, aber stets misstrauisch von den Menschen in seiner Umgebung beobachtet.

# Ceratosaurus

**Fossilienfunde** Colorado und Utah (USA); vermutlich ein weiterer Fund in Tansania (Afrika).

**Name** *Ceratosaurus* bedeutet „gehörnte Echse".

**Zeit** Oberer Jura; vor 155–150 Millionen Jahren.

**Verwandtschaft** Neoceratosaurier – fleischfressende Dinosaurier mit sehr biegsamen Schwänzen. Obwohl sie relativ einfach gebaut waren, überlebten verwandte Gruppen bis zum Ende der Dinosaurierzeit.

**Lebensraum** Wälder an Flüssen.

**Körperliche Merkmale** Mittelgroßer, fleischfressender Dinosaurier mit einem Horn auf der Schnauze und zwei weiteren über den Augen; seinen Rücken zierte ein gezackter Kamm.

## GROSSE ZÄHNE

Der Kopf von *Ceratosaurus* ist sehr leicht gebaut: Wie bei den meisten Dinosauriern umgeben dünne Knochenbalken große Öffnungen. Nur seine Zähne sind einzigartig. Sie sind im Vergleich mit anderen Theropoden im Verhältnis zur Kopfgröße außergewöhnlich groß.

## DER SPEISEZETTEL VON *CERATOSAURUS*

**Antilope**

**Krokodil**

**Forelle**

Vermutlich hatte *Ceratosaurus* den abwechslungsreichsten Speisezettel aller Dinosaurier. Er machte Jagd auf zahlreiche andere Tiere.

# Das Leben *der* Fleischfresser

**Tyrannosaurus**

**Was** wäre, wenn die fleischfressenden Dinosaurier
bis heute überlebt hätten?

**Würden sie, wie im Mesozoikum, vor allem Jagd auf
andere Dinosaurier machen? Oder suchten sie ihre
Beute unter den heutigen Tieren, griffen sie vielleicht
sogar Menschen an? Vermutlich ist beides richtig.**

**Tyrannosaurus**
*Ein einziger Sauropode
versorgte eine Tyranno-
saurier-Familie etwa
einen Monat lang mit
Fleisch. Um dieselbe
Fleischmenge zu
erbeuten, müsste
Tyrannosaurus
über 100 Zebras
reißen.*

**Sauropode**

Zögen noch Herden von großen,
pflanzenfressenden Dinosauriern über
bebautes Land oder durch die Wildnis,
müssten sie mit Hirschen und Gazellen
konkurrieren. Ihre größten Feinde wären
fleischfressende Dinosaurier.

Die größten Raubtiere,
*Tyrannosaurus* und *Allosaurus*,
suchten ihre Opfer weiter unter den
Dinosauriern: den Entenschnäbeln
und langhalsigen Sauropoden. Moderne
Tiere wären für den unersättlichen Appetit
dieser Riesen viel zu klein. Außerdem sind
Zebras und andere moderne Pflanzenfresser
schneller und viel schwieriger zu erbeuten.

Wenn es einem Dinosaurier dennoch
gelänge, moderne Tiere zu erbeuten, würden
sie ihn mit den richtigen Nährstoffen ver-
sorgen? Wahrscheinlich. Hätten sich die
Dinosaurier zusammen mit den Säugetieren
weiterentwickelt, hätte sich auch ihr
Verdauungssystem angepasst.

Ein größeres Problem
wären die mittelgroßen
Fleischfresser. Die afrikanischen Hirten sehen in Löwen
eine Bedrohung für ihr Vieh,
und indische Dorfbewohner
müssen ihre Tiere vor

Wildhunde schützen. Wie reagierten sie dann erst auf eine Herde von *Ceratosauriern*? Für diese Raubtiere wären Schaf- oder Ziegenherden eine leichte Beute, vor allem, wenn sie eingesperrt sind. Die Hirten müssten sich besser bewaffnen, denn ein *Ceratosaurus* ließe sich wohl kaum mit Stöcken vertreiben.

Noch schlimmer wären die kleinen Fleischfresser. Sie drängen in unsere Städte ein, durchwühlten die Abfälle, griffen Haushunde und -katzen an und würden in Vorratshäuser einbrechen. Ganz sicher gälten kleine Dinosaurier wie *Troodon* oder *Coelophysis* als Schädlinge und würden wie Ratten gejagt und getötet. Für uns wären sie gewöhnliche Tiere und wir würden einfach versuchen, sie loszuwerden.

Andere Dinosaurier wären gefährlicher für uns. In den letzten Jahren wurden Dinosaurierzähne mit Rillen gefunden.

Vermutlich standen diese Rillen, ähnlich wie bei unseren Giftschlangen, mit Giftdrüsen in Verbindung.

Einige der fleischfressenden Dinosaurier gehörten wahrscheinlich zu unserem täglichen Leben und unserer Kultur: *Struthiomimus* würde Rennen laufen und *Velociraptor* gäbe einen guten Wachhund ab.

Auf der anderen Seite hätte die menschliche Zivilisation das Leben aller Dinosaurier bedroht. Städte und Landwirtschaft verdrängten die natürliche Umwelt der Pflanzenfresser; große Arten wären vermutlich ausgestorben, weil sie nicht genug Futter fanden. Damit wäre aber auch das Überleben der größeren fleischfressenden Dinosaurier bedroht gewesen: Einige Arten ständen auf der Roten Liste aussterbender Tiere und Tierschutzorganisationen würden für ihr Überleben kämpfen.

## Spinosaurus
*Es wäre durchaus möglich, dass die Römer gefährliche Raubtiere wie Spinosaurus für ihre Gladiatorenspiele gefangen hätten. Im Mittelalter hätten die tödlich gefährlichen Deinonychier anstelle von Kampfhunden in der Schlacht gekämpft.*

## Abwehr
*Um sicher vor den fleischfressenden Dinosauriern zu sein, würden unsere Nutztiere in Gehegen mit Stahlzäunen leben, und unsere Häuser wären von Mauern umgeben.*

# Der Riese der Tiefsee

Aus den dunklen Tiefen des Ozeans steigt ein gewaltiger *Shonisaurus* ins blau schimmernde Oberflächenwasser auf. Seine wachsamen Augen haben einen Riesenkraken entdeckt, der friedlich in der Strömung treibt. Dessen Tentakel öffnen und schließen sich. Plötzlich packen die riesigen Kiefer zu und der Krake ist verschwunden.

Die Ichthyosaurier erinnerten im Aussehen an Fische. Die ersten dieser Reptilien aus der Trias waren so groß wie Pottwale – spätere Arten blieben kleiner. Auch in der Lebensweise glichen sie Pottwalen: Sie jagten die größten wirbellosen Meerestiere. Ein Riese wie *Shonisaurus* fände auch in unseren Meeren genügend Beute.

# Shonisaurus

**Fossilienfunde** Nevada (USA); British Columbia (Kanada).

**Name** *Shonisaurus* bedeutet „Echse aus dem Schoschonen-Gebirge".

**Zeit** Obere Trias; vor 216–213 Millionen Jahren.

**Verwandtschaft** Ichthyosaurier („Fischechsen") waren an das Leben im Meer angepasst. Sie hatten fischförmige Körper, Rückenflossen, zu Ruderflossen umgewandelte Beine und brachten ihre Jungen im Wasser zur Welt.

**Lebensraum** Offenes Meer.

**Körperliche Merkmale** Ein sehr großer Ichthyosaurier mit großen Augen und starren Flossen.

## MEERESMONSTER

Ein 1998 in British Columbia gefundenes Skelett von *Shonisaurus* war so groß, dass man seine Ausmaße nur aus der Luft erkennen konnte. Er war aber nicht das einzige Monster in den Meeren der Trias. Offensichtlich gab es genügend Beute, sodass sich solche Riesenformen entwickeln konnten. Die Ichthyosaurier überlebten nach der Trias noch weitere 120 Millionen Jahre. Die späteren Formen waren allerdings kleiner, etwa so groß wie Delfine.

## MODERNE RIESEN

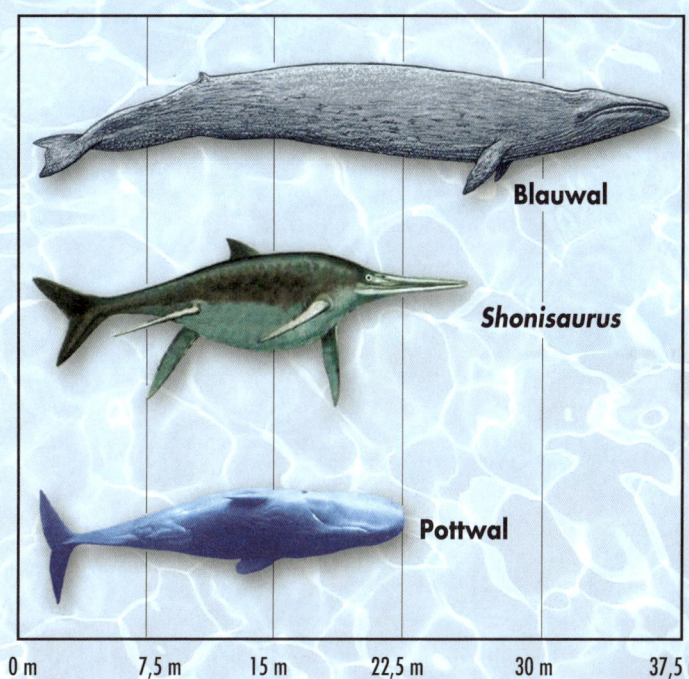

Blauwal

*Shonisaurus*

Pottwal

| 0 m | 7,5 m | 15 m | 22,5 m | 30 m | 37,5 m |

Viele Menschen glauben, dass alle Tiere der Urzeit viel größer waren als die heutigen Arten. Wie das Bild zeigt, stimmt das aber nicht in allen Fällen: Der Blauwal ist das größte Tier aller Zeiten.

# Der größte Killer

Ein paar Robben sonnen sich friedlich am Strand, als plötzlich ein Schwertwal an Land schießt. Er schnappt nach einer Robbe, verfehlt sie aber knapp. Während sich der Schwertwal von der nächsten Welle zurück ins Meer ziehen lässt, nähert sich ein noch größeres Raubtier. Als die gewaltigen Kiefer von *Liopleurodon* die Meeresoberfläche durchstoßen, beginnt das Wasser zu kochen. Das größte Raubtier der Welt ist auf der Jagd.

Gegen diesen riesigen Pliosaurier sähe selbst ein Pottwal, das größte Meeresraubtier unserer Zeit, zwergenhaft aus. *Liopleurodon* war ein sehr guter Schwimmer und ein gefürchtetes Raubtier. Er hatte vier große Flossen und mächtige Kiefer mit riesigen Zähnen. *Liopleurodon* brauchte nur einen Feind zu fürchten – die eigenen Artgenossen. Wie die modernen Pottwale, Schwertwale und Weißen Haie stand er an der Spitze der Nahrungspyramide. Er fraß alles, was in Reichweite seiner Zähne kam. Vermutlich wäre er auch heute noch das gefährlichste Raubtier der Meere.

# Liopleurodon

**Fossilienfunde**
Großbritannien, Frankreich, Deutschland, Chile (Südamerika).

**Name** *Liopleurodon* bedeutet „glatte Zähne".

**Zeit** Oberer Jura; vor 160–155 Millionen Jahren.

**Verwandtschaft** Pliosaurier waren im Meer lebende Reptilien mit riesigen Köpfen und kurzen Hälsen. Sie waren mit den langhalsigen Plesiosauriern verwandt, aber nicht mit den Dinosauriern.

**Lebensraum** Flache Meere im Gebiet des heutigen Nordeuropas.

**Körperliche Merkmale** Massiger Körper, kurzer Schwanz und zwei Paar flügelartige Flossen.

## DER DUFT DER BEUTE

*Liopleurodon* konnte seine Opfer unter Wasser riechen. Wahrscheinlich schwamm er mit offenem Maul umher. Das Wasser strömte durch löffelförmige Öffnungen an seinem Gaumen entlang und durch kleine Nasenlöcher vor seinen Augen zurück ins Meer. Ein moderner Hai kann einen Tropfen Blut in 94 Litern Wasser riechen – ähnlich dürfte auch *Liopleurodon* seine Beute aus großer Entfernung gerochen haben.

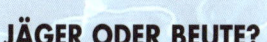

## JÄGER ODER BEUTE?

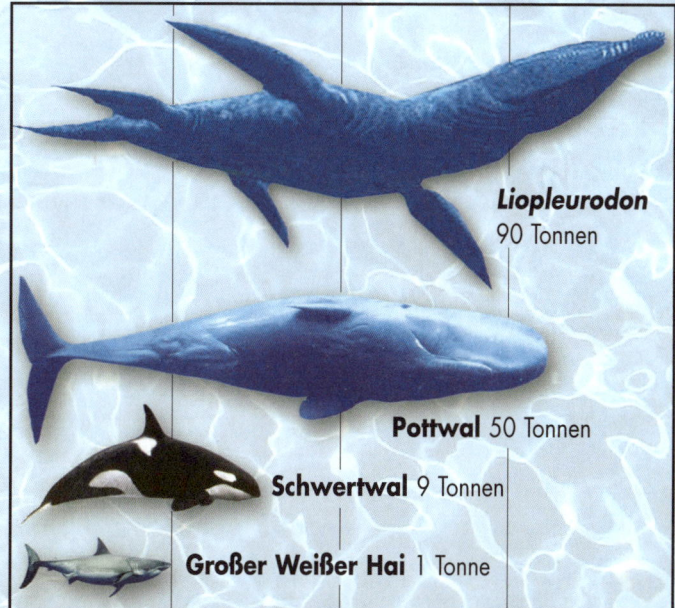

*Liopleurodon*
90 Tonnen

**Pottwal** 50 Tonnen

**Schwertwal** 9 Tonnen

**Großer Weißer Hai** 1 Tonne

| 0 m | 6 m | 12 m | 18 m | 24 m |

Noch ist ungeklärt, wie groß *Liopleurodon* wirklich werden konnte, viele Paläontologen schätzen ihn auf 24 Meter. Würde er heute noch leben, gehörten auch der Schwertwal und andere große Meeresraubtiere zu seinen Beutetieren.

# Schalentiere der Urzeit

Ein Meerotter lässt sich auf den Wellen treiben. Von seinem letzten Tauchgang hat er einen Ammoniten nach oben gebracht – ein Weichtier mit Tentakeln in einem schneckenförmigen Gehäuse. Meerotter knacken die harten Schalen von Muscheln und Meeresschnecken. Er könnte leicht die Ammonitenschale zerschlagen und das Fleisch fressen.

Ammoniten sahen aus wie Kraken mit einem gedrehten Gehäuse. Im Zeitalter der Dinosaurier kamen sie in den meisten Meeren vor. Es gab Ammoniten in allen möglichen Formen und Größen, von flinken Jägern bis zu Arten, die sich langsam treiben ließen und ihre Nahrung aus dem Wasser filterten. Vermutlich kamen sie in heutigen Meeren ähnlich häufig vor.

# Ammonit

**Fossilienfunde** Auf der ganzen Welt.

**Name** Ammonit bezieht sich auf den ägyptischen Gott Ammon (Amun), der gedrehte Ziegenhörner trug.

**Zeit** Trias bis Kreide; vor 250–65 Millionen Jahren.

**Verwandtschaft** Cephalopoden (Kopffüßer) sind Weichtiere mit Tentakeln wie ein Krake; Ammoniten gehörten zu den Weichtieren mit festem Panzer.

**Lebensraum** Offenes Meer.

**Körperliche Merkmale** Körper wie ein Krake, aber mit gedrehtem Gehäuse; Tausende von Arten mit unterschiedlich aufgebauten Gehäusen.

## SCHWEBENDES SCHALENTIER

Heute sind die Ammoniten ausgestorben, doch im Zeitalter der Dinosaurier waren sie weit verbreitet. Die meisten Arten ließen sich im Wasser treiben. Sie regelten den Auftrieb über die mit Luft gefüllten Kammern ihrer Gehäuse. Der Querschnitt zeigt die Kammern des Gehäuses.

## WER LEBTE WANN?

| | |
|---|---|
| **Quartär** heutige Zeit |  Nautilus |
| **Kreide** 135–65 Mio. v. h. |  Ammonit |
| **Jura** 200–135 Mio. v. h. |  Ammonit |
| **Trias** 250–203 Mio. v. h. |  Ammonit |

*Mio. v. h. = Millionen Jahre vor heute

Der heute lebende *Nautilus* ist mit den urzeitlichen Ammoniten verwandt und ähnlich alt. Während alle Ammoniten ausstarben, hat sich *Nautilus* seit Urzeiten kaum verändert.

# Beifang

Das Schleppnetz schließt sich um einen Schwarm Ammoniten. Die Maschen des Netzes werden immer enger und drängen die Tiere zusammen. Als das Netz aus dem Wasser gezogen wird, taucht zwischen den Ammoniten ein typischer Beifang auf. *Mosasaurus* ist eine schwimmende Eidechse, die auf der Jagd nach Ammoniten ins Netz geraten ist. Sie wird zum Opfer der Fischereiindustrie.

Die Mosasaurier waren eng mit den heutigen Waranen verwandt, hielten sich aber ausschließlich im Wasser auf. Dass sie Ammoniten fraßen, beweisen die Fossilien: Auf den Gehäusen von Ammoniten fanden sich die Abdrücke ihrer Zähne, andere wurden regelrecht zerbissen, damit *Mosasaurus* an das nahrhafte Fleisch herankam.

Mosasaurier würden sich auch heute noch im Meer wohlfühlen.

# Mosasaurus

**Fossilienfunde** Niederlande, ähnliche Arten wurden auf der ganzen Welt gefunden.

**Name** *Mosasaurus* bedeutet „Echse aus der Maas".

**Zeit** Oberkreide; vor 70–65 Millionen Jahren.

**Verwandtschaft** Die Mosasaurier waren eine eng mit den heutigen Waranen verwandte Gruppe von Meeresreptilien. Sie waren gegen Ende des Dinosaurierzeitalters die wichtigsten Meeresraubtiere, da sie den Platz der ausgestorbenen Ichthyosaurier einnehmen konnten.

**Lebensraum** Offenes Meer.

**Körperliche Merkmale** Körper wie ein riesiger Waran, aber mit einem abgeflachten Schwimmschwanz und Flossen statt Beinen.

## DAS ERSTE GROSSE REPTILIENFOSSIL

Bevor die Dinosaurier entdeckt wurden, fand man bereits Überreste sehr großer ausgestorbener Meerestiere. Auf dem Bild ist ein berühmter Fund aus einem holländischen Steinbruch von 1780, ein *Mosasaurus*, zu sehen. Das Fossil kam als Kriegsbeute nach Paris und wurde dort von Baron Georges Cuvier untersucht, dem berühmtesten Naturforscher seiner Zeit.

## FAMILIENBANDE

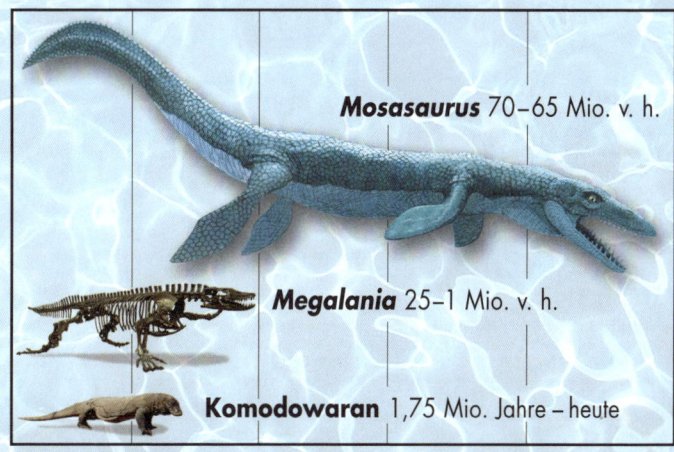

*Mosasaurus* 70–65 Mio. v. h.

*Megalania* 25–1 Mio. v. h.

Komodowaran 1,75 Mio. Jahre – heute

| 0 m | 3 m | 6 m | 9 m | 12 m | 15 m |

Der ausgestorbene *Mosasaurus* war mit *Megalania* verwandt, der während der Eiszeiten lebte. Beide sind Verwandte des heute lebenden indonesischen Komodowarans. *Mosasaurus* war ein Meerestier, die beiden anderen Landtiere.

# Chill-out-Zone

Touristen sehen den Seelöwen zu, die sich auf den Stegen eines Bootshafens ausruhen. Sie werfen ihnen sogar Fische zu. Das weiß natürlich auch der Plesiosaurier *Cryptoclidus*; auch er stellt sich in der Hoffnung auf eine bequeme Mahlzeit im Hafen ein.

*Cryptoclidus* war ein langhalsiger Plesiosaurier und ähnelte äußerlich den heutigen Seelöwen. Plesiosaurier „flogen" mit langen, flügelartigen Flossen durch das Wasser und schnappten mit den langen, spitzen Zähnen nach Fischen. Vermutlich kamen sie ähnlich wie die Seelöwen an Land, um sich zu paaren und Eier zu legen. Heute hätten sie sich an Menschen gewöhnt und würden sich genauso verhalten wie andere Meerestiere.

# Cryptoclidus

**Fossilienfunde**
Großbritannien, Frankreich,
Russland und Südamerika.

**Name** *Cryptoclidus* bedeutet
„verstecktes Schlüsselbein".

**Zeit** Mittlerer Jura;
vor 160–165 Millionen Jahren.

**Verwandtschaft** Die Plesiosaurier waren schwimmende, mit
den Pliosauriern verwandte Reptilien mit langen Hälsen und kleinen
Köpfen. Sie waren Zeitgenossen
aller Saurier. Zuerst teilten sie die
Meere mit den Ichthyosauriern,
dann mit den Mosasauriern.

**Lebensraum** Flache Meere.

**Körperliche Merkmale** An dem
etwa 4 Meter langen, massiven
Körper saß ein starrer Hals. Sie
paddelten mit vier breiten Flos-
senbeinen durch das Wasser. Mit
den langen, nadelspitzen Zähnen
fingen sie Fische.

## MEISTER DER VERKLEIDUNG

Paläontologen glauben, dass der
kleine Kopf auf dem langen Hals
die Beute nicht abschreckte; seine
Opfer sahen den großen Körper

erst dann, wenn es zu spät war!
*Cryptoclidus* scheint sich
hauptsächlich von Kalmaren und
Fischen ernährt zu haben.

## NAHRUNG FILTRIEREN

Barten

Wal

Kopf von
*Cryptoclidus*

Die zahlreichen Zähne von *Cryptoclidus* standen „auf Lücke".
Vielleicht filterte er damit seine Beute wie die modernen Bartenwale
aus dem Wasser. Von deren Gaumen hängen Knochenplatten
(Barten) herunter.

# Das Leben der Meerestiere

## Warnung!
### Baden verboten – Pliosaurier gesichtet!

**Müssten wir regelmäßig mit solchen Warnschildern an beliebten Stränden rechnen oder hätten wir die Pliosaurier schon ausgerottet?**

**Ammonit**
*Menschen könnten diese Schalentiere als Nahrung nutzen.*

Lebten die riesigen Meeresbewohner heute noch, stellten sie eine Gefahr dar. Eine echte Bedrohung wäre allerdings selten. Auch Haie greifen nur relativ selten badende Menschen an.

Die ersten Landtiere stammten direkt von Meerestieren ab. Es dauerte aber nicht lange und die Entwicklung kehrte sich wieder um. Einige Gruppen von Landtieren passten sich erneut an ein Leben im Meer an; dazu gehörten auch die Plesiosaurier. Wie Meeresschildkröten mussten sie auf das Land zurückkehren, um ihre Eier zu legen.

Ganz sicher ständen einige Strände unter Naturschutz, damit Plesiosaurier ungestört ihre Eier legen könnten. Und natürlich gäbe es Wilderer, die solche Plesiosauriernester trotz Androhung von Strafe ausraubten, um die Eier selbst zu essen oder zu verkaufen.

Vermutlich hätten sich die Ichthyosaurier am besten an die Bedingungen der

Grüne Meeresschildkröte

54

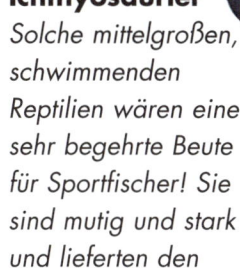

**Ichthyosaurier**
*Solche mittelgroßen, schwimmenden Reptilien wären eine sehr begehrte Beute für Sportfischer! Sie sind mutig und stark und lieferten den Anglern einen harten Kampf.*

heutigen Meere angepasst. Aus einiger Entfernung sähen sie aus wie Delfine oder Haie. Sie hatten einen stromlinienförmigen Körper, eine halbmondförmige Schwanzflosse und eine dreieckige Rückenflosse. Außerdem brachten sie im Wasser lebende Junge zur Welt. Damit wäre ihr Überleben auch in unserer Zeit gesichert.

Man kann sich gut vorstellen, welche Gefahren für die Schifffahrt von einem Riesenreptil ausgingen, das dicht unter der Oberfläche schwimmt. Der massige Körper eines Plesiosauriers wäre ein Problem für Motorboote oder Segeljachten. Vermutlich schwammen diese Reptilien direkt unter der Wasseroberfläche und hielten den Kopf nach unten, um Fische zu fangen. Heute hätten die Plesiosaurier wahrscheinlich mehr unter den schnellen Motorbooten zu leiden als umgekehrt. Wie das Beispiel der karibischen Seekühe zeigt, werden dicht unter der Oberfläche schwimmende Tiere von den Schrauben verletzt oder sogar getötet.

*Seekuh*

Das gleiche Schicksal erwartete auch die Plesiosaurier.

Die größten Meeresreptilien würden die Radarsysteme im Flachwasser der Meere verwirren, so wie die Blauwale heute. Allerdings käme das nur sehr selten vor. Um zu einer wirklichen Bedrohung für die Navigation zu werden, müssten die Riesen-Ichthyosaurier viel häufiger vorkommen als die Wale heute.

Und wie sähe es mit den kleineren Meerestieren aus dem Zeitalter der Dinosaurier aus? Wenn sie genauso häufig wären wie im Mesozoikum, würden sie die Meeresökosysteme beherrschen. Spezialisierte Fischfangflotten machten Jagd auf die essbaren Arten und würden sie noch auf See verarbeiten. Jemand an Ammoniten-Sushi interessiert? Ammoniten-Burger mit Fritten?

Auf jeden Fall müssten sie mit denselben Schwierigkeiten rechnen wie die Tiere unserer Zeit. Sie würden überfischt oder bis an den Rand der Ausrottung gejagt. Vermutlich gäbe es längst eine Kampagne: „Rettet die Ichthyosaurier!"

# Früher Vogel

Ein Weißkopf-Seeadler, der König der Lüfte, fliegt mit einer Eidechse zu seinem Nest. Plötzlich wird er von drei frechen *Archaeopteryx* bedrängt. Der Adler umklammert seine Beute fester.

*Archaeopteryx* ist der älteste bekannte Vogel. Er trägt bereits Merkmale eines heutigen Vogels, hat aber gleichzeitig viele Eigenschaften seiner Reptilien-Vorfahren bewahrt. Hier würde er also seinen Nachfahren angreifen, um seinen Vorfahren zu fressen! Heute käme uns *Archaeopteryx* ziemlich merkwürdig vor. Körper, Schnauze und der Schwanz erinnern an einen Dinosaurier, sein Körper trägt ein Gefieder und die Flügel sehen so aus wie bei unseren Vögeln. Er wäre das lebende Beispiel, dass die Vögel wirklich von den Dinosauriern abstammten. Ob sich *Archaeopteryx* aber gegen seine viel besser angepassten modernen Verwandten in der Luft durchsetzen würde und in unserer Zeit leben könnte, ist völlig offen.

# Archaeopteryx

**Fossilienfunde** Solnhofen (Deutschland).

**Name** *Archaeopteryx* bedeutet „alter Flügel".

**Zeit** Oberer Jura; vor 155–150 Millionen Jahren.

**Verwandtschaft** Er war der erste bekannte Vogel und fast noch ein Dinosaurier. *Archaeopteryx* besaß Federn und Flügel und beweist, dass die modernen Vögel von den Dinosauriern abstammen.

**Lebensraum** Trockene Inseln.

**Körperliche Merkmale** Etwa taubengroß, mit Flügeln und Federn wie ein Vogel und mit Schnauze, Händen und Schwanz eines Dinosauriers.

## AUF HALBEM WEGE

Ohne die Federn hätten Paläontologen das Fossil des *Archaeopteryx* für einen kleinen Dinosaurier gehalten. Tatsächlich galt eines der acht gefundenen Exemplare viele Jahre lang als Dinosaurier. Die Paläontologen sind sich einig, dass er der wichtigste Beweis dafür ist, dass die Vögel von den Dinosauriern abstammen.

Flügel

## FLÜGELFORM

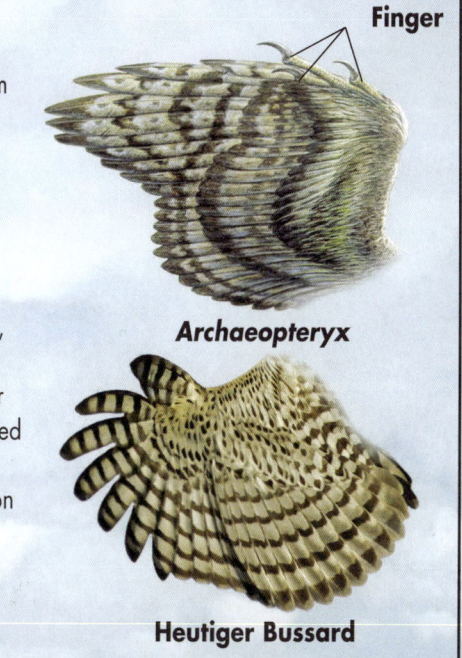

Selbst bei genauer Betrachtung ist kaum zu entscheiden, welcher Flügel zu *Archaeopteryx* und welcher zu einem heutigen Bussard gehört. Die Federn sind ähnlich gebaut, ihre Anordnung im Flügel identisch. Der wichtigste Unterschied sind die Krallen tragenden Finger von *Archaeopteryx*.

Finger

*Archaeopteryx*

**Heutiger Bussard**

# Der Super-Geier

Schon seit geraumer Zeit versucht der Pilot des kleinen Passagierflugzeugs, den beiden riesigen *Quetzalcoatlus* auszuweichen. Vielleicht ist er ihrem Nest zu nahe gekommen oder sie fühlen sich durch das Flugzeug bedroht. Als er in den Sinkflug geht, um ihnen zu entkommen, bemerkt er ein anderes Flugzeug. Die Situation wird brenzlig.

*Quetzalcoatlus* war einer der größten Pterosaurier. Seine Flügelspannweite war größer als ein Gleitschirm und sogar als manches Kleinflugzeug. Da die meisten fossilen Pterosaurier am Meer gefunden wurden, waren die Ozeane vermutlich ihr wichtigster Lebensraum. *Quetzalcoatlus* lebte allerdings auch im Landesinneren. Er nutzte die Aufwinde über der warmen, offenen Landschaft und ließ sich über weite Strecken im Gleitflug treiben. Heute würde er den Himmel beherrschen und sich mit den Geiern um tote Tiere streiten.

# Quetzalcoatlus

**Fossilienfunde** Texas (USA).

**Name** *Quetzalcoatlus* ehrt Quetzalcoatl, den fliegenden Schlangengott der Azteken.

**Zeit** Oberkreide; vor 70–65 Millionen Jahren.

**Verwandtschaft** Pterosaurier waren die fliegenden Reptilien der Dinosaurierzeit. Pterodactyloidea hatten einen kurzen Schwanz; sie waren eine weit entwickelte Gruppe inner- halb der Pterosaurier.

**Lebensraum** Im Himmel über offenen Landschaften.

**Körperliche Merkmale** Sehr großer Pterosaurier, mit einer Flügelspannweite von bis zu 10 Metern.

## GLEITFLUG

Die genaue Spannweite von *Quetzalcoatlus* ist unbekannt, da nur Teile seines Skeletts gefunden wurden. Vermutlich betrug sie zwischen 11 und 17 Metern. Trotz seiner enormen Größe wog *Quetzalcoatlus* nur 99 Kilogramm.

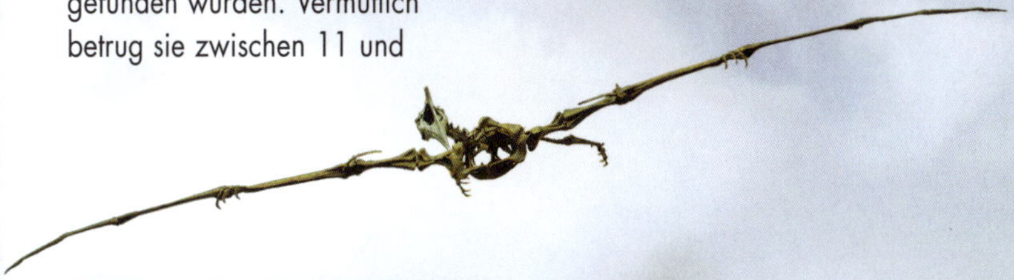

## GEWALTIGE SPANNWEITEN

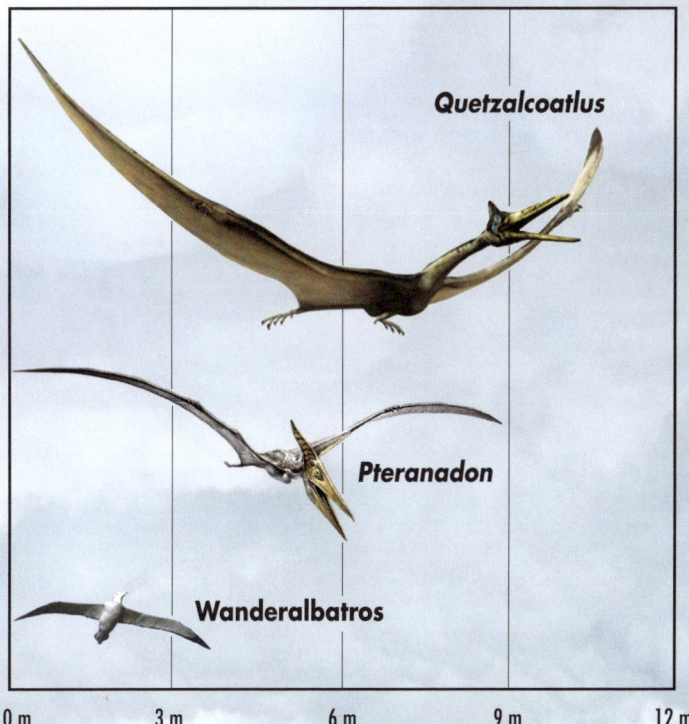

*Quetzalcoatlus*

*Pteranadon*

**Wanderalbatros**

| 0 m | 3 m | 6 m | 9 m | 12 m |

Mit 3,50 Meter hat der Wanderalbatros die größte Flügelspann- weite heute lebender Vögel. Gegen die größten Pterosaurier wirkte er wie ein Zwerg.

# Revierverteidigung

**Plötzlich schrecken die Singvögel an der kleinen Futterstation hoch. Zwei *Anurognathus* lassen sich nieder und vertreiben die Vögel. Obwohl *Anurognathus* Insekten und keine Körner frisst, fühlt er sich in seinem Revier bedroht.**

Als die Dinosaurier noch lebten, war der Himmel voll von Pterosauriern, den fliegenden Reptilien. Heute müssen sie sich gegen die Konkurrenz der Vögel durchsetzen. Pterosaurier gab es in vielen Größen und unterschiedlichen Formen – wie die Vögel. Jede Art hatte eine andere Lebensweise und bevorzugte andere Nahrung. *Anurognathus* lebte wie die Schwalben: Er fing Insekten im Flug.

# Anurognathus

**Fossilienfunde** Solnhofen (Deutschland).

**Name** *Anurognathus* bedeutet „schwanzloser Kiefer".

**Zeit** Oberer Jura; vor 150–145 Millionen Jahren.

**Verwandtschaft** Pterosaurier waren die fliegenden Reptilien der Dinosaurierzeit. Sie gehörten zu den Rhamphorhynchoiden, den ursprünglichsten Pterosauriern.

**Lebensraum** Im Himmel über flachen tropischen Lagunen.

**Körperliche Merkmale** Der kleinste bekannte Pterosaurier. Obwohl die Rhamphorhynchoiden gewöhnlich einen langen Schwanz besaßen, hatte er nur einen Schwanzstummel.

## EIN LEBHAFTER FLIEGER

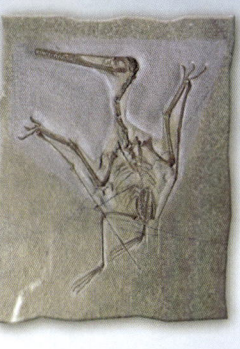

Von *Anurognathus* wurde 1923 nur ein einziges Skelett gefunden. Wir wissen aber viel über seine Flughaut, denn in dem feinkörnigen Gestein von Solnhofen lagen zahlreiche Fossilien seiner fliegenden Verwandten. In dem Stein hatte sich auch die Haut der Flügel abgedrückt. In einer Seeablagerung in Kasachstan blieben sogar fossile Fellabdrücke seiner Verwandten erhalten.

## ANGEPASSTE SCHNÄBEL

Kreuzschnabel

Hornvogel

Storch

*Anurognathus*

Die Schnauzen der Pterosaurier waren unterschiedlich geformt. Wie die Schnäbel der Vögel waren sie an die Nahrung und Lebensweise angepasst.

# Kletterkünstler

Was sind das für Flecken auf der Freiheitsstatue? Keine Flecken, sondern ein Schwarm winziger fliegender Dinosaurier – *Microraptor*. Mit Federn auf Armen und Beinen kann *Microraptor* gut durch die Luft gleiten. Er streckt in den aufsteigenden Winden seine Arme und Beine aus und lässt sich in die Höhe tragen. Mit den langen Krallen kann er sich sogar an Gebäuden festhalten.

In der Unterkreide existierten neben *Microraptor* mehrere Arten, die halb Vogel, halb Dinosaurier waren. Wenn wir heute einen *Microraptor*-Schwarm in der untergehenden Sonne sähen, hielten wir die Tiere vermutlich für Vögel oder große Schmetterlinge. Die Farbe ihres Gefieders ist unbekannt, doch wahrscheinlich waren ihre Federn so bunt gefärbt wie bei den heutigen Tropenvögeln.

# Microraptor

**Fossilienfunde** Liaoning (China).

**Name** *Microraptor* bedeutet „winziger Jäger".

**Zeit** Unterkreide; vor 130–125 Millionen Jahren.

**Verwandtschaft** Deinonychosaurier waren Dinosaurier mit einer tödlichen Kralle am Hinterfuß. *Microraptor* ist der kleinste bekannte Coelurosaurier (fleischfressende Theropoden mit leichten Knochen). Er ist der kleinste bekannte Dinosaurier überhaupt.

**Lebensraum** Wälder in der Nähe von Seen.

**Körperliche Merkmale** Sehr kleiner, fleischfressender Dinosaurier mit gefiederten Vorder- und Hinterbeinen.

## WINZIGER DINOSAURIER

Etwa 150 Jahre lang galt der fleischfressende, huhngroße *Compsognathus* als kleinster Dinosaurier. Doch dann wurde *Microraptor* in Seeablagerungen in China entdeckt. Er war so klein und leicht, dass er von Baum zu Baum gleiten konnte.

## DER KLEINSTE DER KLEINEN

*Microraptor* 60 cm lang

**Mensch** 180 cm groß

*Compsognathus* 90 cm lang

Die Abbildung zeigt, dass es auch kleine Dinosaurier gab. *Compsognathus* und *Microraptor* sind besonders kleine Exemplare.

# Das Leben *der* fliegenden Reptilien

**Pterosaurier**

*Mit ihren leuchtend bunten Kämmen könnten sie den heutigen Vögeln Konkurrenz machen.*

**Hätten** diese Furcht einflößenden, exotischen Tiere in unserer Zeit eine echte Überlebenschance?

**Stell dir vor, am Himmel flögen nicht nur Vögel, sondern auch Pterosaurier. Was wären die Folgen? Verschmutzte Straßen, verängstigte Haustiere. Natürlich gäbe es auch sehr hübsche, intensiv gefärbte Exemplare.**

Vermutlich würden sich die Pterosaurier ähnlich wie die Vögel verhalten. Die Arten mit spitzen Zähnen gingen auf Fischfang im Meer – genau wie im Mesozoikum. Auf Ammoniten spezialisierte Arten suchten in Gezeitentümpeln nach Muscheln. An das Fressen von Früchten angepasste Pterosaurier würden unsere Obstplantagen plündern.

Aber was wäre mit den großen Arten mit Flügelspannweiten wie kleine Flugzeuge? Es ist ungeklärt, wie und wovon sie im Mesozoikum gelebt haben. Damit ist völlig offen, wie sie heute leben würden.

Ganz sicher ist nur, dass sie nicht wie in Fantasyfilmen, zu Boden stoßen und Menschen packen würden: Dazu wären sie viel zu leicht und zu schwach.

Die größte Frage ist, ob die Pterosaurier neben den Vögeln existieren könnten. Warum starben alle Pterosaurier am Ende der Kreidezeit aus, während etwa ein Viertel der Vögel überlebte? Vermutlich waren die überlebenden Vögel intelligenter und stellten sich besser auf das vorhandene Nahrungsangebot ein. Damit hätten sie sich nach dem Massensterben der

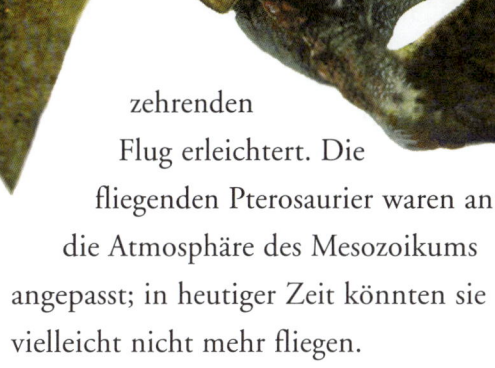

Dinosaurier rascher an die neuen Umwelt-bedingungen angepasst. Unter diesen Voraussetzungen hätten die Pterosaurier heute keine Chance mehr.

Es gibt aber noch einen anderen Grund, warum sie in unserer Zeit kaum überleben würden: Manche Wissenschaftler glauben, dass die Atmosphäre im Mesozoikum anders zusammengesetzt war als heute. Möglicherweise war der Anteil von Sauer-stoff oder von Kohlendioxid höher. Damit hätte die Luft eine höhere Dichte als heute gehabt und andere Voraussetzungen für den Flug der Pterosaurier geboten. Für Tiere mit großem Körper, wie *Quetzalcoatlus,* wäre eine dichtere Atmo-sphäre günstiger, weil sie den Flügeln mehr Luftwiderstand böte. Mit mehr Sauerstoff in der Luft wäre ein höherer Stoffwechsel möglich gewesen; das hätte den kräfte-zehrenden Flug erleichtert. Die fliegenden Pterosaurier waren an die Atmosphäre des Mesozoikums angepasst; in heutiger Zeit könnten sie vielleicht nicht mehr fliegen.

Vögel führen ein anderes Leben als die Pterosaurier. Sie bauen Nester, legen Eier mit harten Schalen, aus denen unselbst-ständige Junge schlüpfen. Die Vogeleltern investieren Zeit und Energie in die Auf-zucht ihrer Jungen und bereiten sie auf das Leben vor. Pterosaurier bauten keine Nester. Ihre Jungen schlüpften bereits als kleine Erwachsene aus den Eiern und konnten sofort fliegen. Sobald sie das Ei verließen, sorgten sie für sich selbst – ein wichtiger Vorteil heute.

Menschen vertreiben lästige Vögel mit Vogelscheuchen, Knallkörpern oder Schutznetzen. Vermutlich helfen solche Maßnahmen auch gegen Pterosaurier, aber für die stärksten Exemplare müssten die Schutznetze viel stabiler sein als für Vögel.

**Eier der Pterosaurier**
*Die Eier der Pterosaurier hatten eine ledrige Schale, ähnlich wie diese Krokodileier.*

# Das Ende
## der Dinosaurier

**D**inosaurier beherrschten 160 Millionen Jahre lang unsere Erde. Sie besiedelten alle Lebensräume auf allen Kontinenten. Es gab Fleisch- und Pflanzenfresser. Die nahe verwandten Pterosaurier eroberten sogar den Luftraum, und auch die Meere wimmelten von ähnlichen Riesenwesen. Plötzlich waren alle verschwunden.

**THEORIE 1**

Warum verschwanden die Dinosaurier plötzlich? Für die Wissenschaftler ist es schwierig, so weit in die Vergangenheit zu blicken. Einer der Gründe dafür ist die Bedeutung von „plötzlich" – in der Erdgeschichte können das Hunderttausende Jahre sein. Entweder sind die Dinosaurier wirklich über Nacht verschwunden oder es wurden über eine sehr lange Zeit immer weniger.

Genau dieser Unterschied entscheidet mit über die Gründe für das Aussterben. Es ist selbst mit modernster Technik nicht möglich, das Alter eines Gesteins auf tausend Jahre genau zu schätzen. Bis jetzt geben die Fossilien daher keine Antwort auf die Frage.

Wenn die Dinosaurier nach und nach verschwunden sind, könnten ein Klimawechsel oder Krankheiten die Ursache für ihr Aussterben sein. Vielleicht veränderte sich die Temperatur und andere Pflanzen entwickelten sich. Die Pflanzenfresser konnten sich nicht anpassen und verhungerten. Damit war die Nahrungskette unterbrochen und auch die Fleischfresser starben aus.

**THEORIE 2**

Ein plötzliches Verschwinden könnte dagegen auf eine Katastrophe hindeuten. Vielleicht brachen weltweit Vulkane aus oder es gab starke Erdbeben. Möglicherweise stürzte auch ein gigantischer Meteorit auf die Erde.

Die meisten Wissenschaftler gehen heute von der letzten Möglichkeit aus. Wenn eine gewaltige Gesteinsmasse auf die Erde stürzt, breiten sich enorme Schockwellen aus und töten alles im Umkreis von vielen Hunderten von Kilometern.

Dabei wurde eine unglaubliche Masse von Staub und Gas in die Atmosphäre geschleudert. Die Sonne verdunkelte sich für Monate oder Jahre. Ohne Sonnenlicht starben überall auf der Erde die Pflanzen aus. Die Pflanzenfresser fanden keine Nahrung mehr und verhungerten. Damit fiel auch die Beute für die Fleischfresser weg und sie folgten ihnen in den Tod. Als sich schließlich der Staub wieder auflöste und erste Pflanzen wuchsen, war es für die Dinosaurier bereits zu spät – sie waren ausgestorben.

Als Wissenschaftler 65 Millionen Jahre alte Ablagerungen im Gestein untersuchten, fanden sie tatsächlich Hinweise auf den Einschlag eines Meteoriten. Sie spürten Mineralien auf, die auf der Erde nur selten, in Meteoriten jedoch sehr häufig vorkommen. Vermutlich waren sie als Staub auf die Erde gefallen, als der gewaltige Meteorit beim Einschlag explodierte. Ein weiterer Hinweis sind typische Risse im Gestein, die sich nur bei heftigen Explosionen bilden.

Schließlich gibt es einen riesigen Krater, den Chicxulub-Krater auf der Halbinsel Yucatán im heutigen Mexiko. Er entstand zur gleichen Zeit, als die Dinosaurier verschwanden.

Aus diesen Hinweisen konnten die Wissenschaftler wie Detektive das Bild einer Katastrophe rekonstruieren, die sich am Ende der Dinosaurierzeit ereignete: In der Region des heutigen Mexiko stürzte ein riesiger Meteorit auf die Erde – sein Durchmesser war 10- bis15-mal größer als Helgoland. Er verursachte gewaltige Tsunamis, die alle Küsten von Nord- und Südamerika überfluteten. Die Hitze setzte Wälder in Brand. Staub und Meteoritentrümmer ballten sich zu Wolken zusammen, die den Himmel der ganzen Erde bedeckten. Alles zusammen führte zu der Katastrophe, durch die die Dinosaurier und andere große Reptilien der damaligen Zeit ausstarben.

**Der Chicxulub-Krater**
*Vor rund 65 Millionen Jahren stürzte ein gewaltiger Meteorit durch die Atmosphäre auf die Erde. Er schlug auf der Halbinsel Yucatán ein und hinterließ einen riesigen Krater (oben). Auf der Oberfläche ist heute nichts mehr von dem Krater sichtbar. Wahrscheinlich ist dieser Meteoriteneinschlag für das Aussterben der Dinosaurier verantwortlich.*

**BEWEISE**

**Material aus dem Chicxulub-Einschlag**
*Noch lange nachdem der Meteorit aufgeschlagen war, trieb Staub von der Erde und aus pulverisiertem Meteoritengestein durch die Erdatmosphäre. Der Einschlag hatte nicht nur Gestein in die Luft geschleudert, er verursachte auch gewaltige Tsunamis; der Meeresboden wurde aufgewirbelt und von den Wassermassen auf das Land geschwemmt.*

# Versteinerte
## Zeit

**Vor Millionen Jahren**

| | |
|---|---|
| KÄNOZOIKUM | 1,75 QUARTÄR |
| | 65 TERTIÄR |
| MESOZOIKUM | 145 KREIDE |
| | 200 JURA |
| | 251 TRIAS |
| | 295 PERM |
| PALÄOZOIKUM | 355 KARBON |
| | 410 DEVON |
| | 435 SILUR |
| | 500 ORDOVIZIUM |
| | 540 KAMBRIUM |

**VOR 3,4 MILLIARDEN JAHREN**
Aus dieser Zeit stammen die ersten
Beweise für Leben

**PRÄKAMBRIUM**

ERDZEIT-
ALTER

**VOR 4 MILLIARDEN JAHREN**
Die Erdkruste bildet sich.

PERIODE

D ie Dinosaurier lebten bis vor 65 Millionen Jahren. Was wir über sie wissen, stammt aus der Untersuchung der Fossilien und der Gesteine, in denen sie lagen. Wissenschaftler lesen in den Gesteinsschichten wie in den Seiten eines Buches: Sie erkennen, in welcher Landschaft das Gestein entstand, welches Klima herrschte, welche Tiere damals lebten und wann sich alles abspielte.

**ZEIT** Die geologische Uhr tickt ungeheuer langsam. Man kann sich kaum vorstellen, wie viel Zeit vergeht, ehe sich Landschaften bilden und wieder vergehen. Es geht um Millionen von Jahre, Hunderte von Millionen, Tausende von Millionen Jahre … Daher denken Geologen selten in Jahren, sondern gliedern die Vergangenheit der Erde in Erdzeitalter und Perioden.

Die Dinosaurier lebten im Zeitalter des Mesozoikums, das in die Perioden Trias, Jura und Kreide gegliedert ist. Es begann vor 251 Millionen Jahren und endete vor 65 Millionen Jahren. Die Dinosaurier erschienen gegen Ende der Trias.

Als die Dinosaurier vor 65 Millionen Jahren ausstarben, lebten sie schon 160 Millionen Jahre auf der Erde. Das ist 640-mal länger als die Zeit des Menschen – *Homo sapiens!*

## STRATIGRAFIE

Wir kennen die Dinosaurier nur aus ihren Fossilien im Gestein. Sogenannte Sedimentgesteine (Gesteine, die aus Sand oder Schlamm entstanden) lagern sich in Schichten ab. Geologen bezeichnen die einzelnen Schichten als Lagen oder Strata (Einzahl Stratum). Die genaue Auswertung solcher Gesteinsschichten ist eine eigene Wissenschaft – die Stratigrafie. Ein Stratigraf kann die Gesteinsschichten „lesen" und erkennen, wie die einzelnen Gesteine entstanden.

So bedeutet eine Sandsteinschicht, dass hier einst ein Fluss eine Sandbank aufschüttete. Kalkstein bildete sich am Boden eines Meeres, das später die Sandbank überflutete. Der Tonschiefer darüber entstand aus Schlamm; wahrscheinlich mündete hier ein Fluss ins Meer.

### Gesteinsschichten

Da eine Abfolge von Gesteinsschichten niemals den gesamten Zeitraum der Erdgeschichte abdeckt, ergeben sich zwangsläufig Lücken. Werden die ursprünglichen Gesteinsschichten über den Meeresspiegel gehoben, setzt die Abtragung ein. Verschwinden die restlichen Schichten wieder unter einem steigenden Meeresspiegel, lagern sich neue Schichten auf die abgetragene Fläche auf.

Die ältesten Gesteine liegen also unten, die jüngsten oben. Genauso werden geologische Tabellen (linke Seite) dargestellt: Die ältesten geologischen Perioden stehen unten, die jüngsten oben.

In frei liegenden Felswänden eines Flusstals sind die Gesteinsschichten manchmal so deutlich voneinander getrennt, dass sie schon von Weitem auffallen. Bevor sich der Fluss einschnitt, bildeten sie durchgehende Schichten.

Noch mehr erzählen die Fossilien in den Gesteinsschichten. In jeder geologischen Periode lebten andere Tiere. Wenn es gelingt, die Fossilien zu bestimmen, kennt man auch die Zeit, in der ein Gestein entstand. Außerdem leben Tiere nur in ganz bestimmten Lebensräumen. So könnte ein Schieferton sowohl aus dem Schlamm von Flüssen als auch aus Ablagerungen am Meeresboden entstanden sein. Liegt darin aber das Fossil einer Süßwasserschnecke, kommt nur eine Flussablagerung in Frage.

Dank solcher Hinweise ist es möglich, die Dinosaurier und ihre Zeit zu verstehen.

### ABFOLGE VON SEDIMENT-GESTEINEN

**Kohle**
Enthält manchmal fossile Baumstämme.

**Tonschiefer**
Besteht aus feinen Schlammpartikeln.

**Kalkstein**
Enthält viele Fossilien, beispielsweise solche Seelilien.

**Sandstein**
Enthält viele Fossilien.

*Dromaeosaurus*

# Eine Reise
## *in die* Vergangenheit

Können wir heute noch Dinosaurier sehen? Ja, wenn wir die Vögel dazuzählen. Nein, wenn wir die großen Dinosaurier meinen. Wie sie wirklich aussahen, verraten uns nur die versteinerten Reste, die sie hinterließen.

## Seltene Funde

Weil komplette fossile Skelette äußerst selten gefunden werden, wissen wir nur relativ wenig über die Dinosaurier. Meist müssen sich die Paläontologen mit einigen Knochen zufriedengeben und daraus das Bild eines ganzen Tieres rekonstruieren. Seit um 1820 die ersten Dinosaurierknochen gefunden wurden, ist unser Wissen aber Stück für Stück angewachsen.

## Meerestiere

Die meisten Fossilien stammen von Meerestieren. Der Grund ist einleuchtend: Fossilien bilden sich nur in Sedimentgesteinen. Diese Gesteine entstehen aus Sand und Schlamm, die vorwiegend auf Meeresböden abgelagert werden. Daher sind die Chancen gut, dass Meerestiere unter Sedimenten begraben werden und sich in Fossilien verwandeln.

## Landtiere

Ein Landtier verwandelt sich viel seltener in ein Fossil. Sofort nach seinem Tod finden sich Aasfresser ein. Sie zerreißen den Kadaver und verstreuen die Knochen. Maden und andere Insekten fressen die Reste, offen liegende Knochen zerfallen oder werden von Bakterien zersetzt, bis nichts mehr davon übrig ist.

Nur wenn ein Landtier in einen Fluss fällt und rasch von Sedimenten bedeckt wird, kann es sich in ein Fossil verwandeln. Wenn sich dann weitere Sedimentschichten auflagern und die unteren Schichten zu Gestein zusammenpressen, können die Knochen des Tieres versteinern. Wenn diese Gesteine als Gebirge hochgehoben und die oberen Schichten durch die Verwitterung abgetragen werden, liegt das Fossil wieder frei. Wenn es dann noch gefunden wird … Die vielen „Wenns" zeigen, warum Fossilien von Landtieren so selten sind.

*Cryptoclidus*

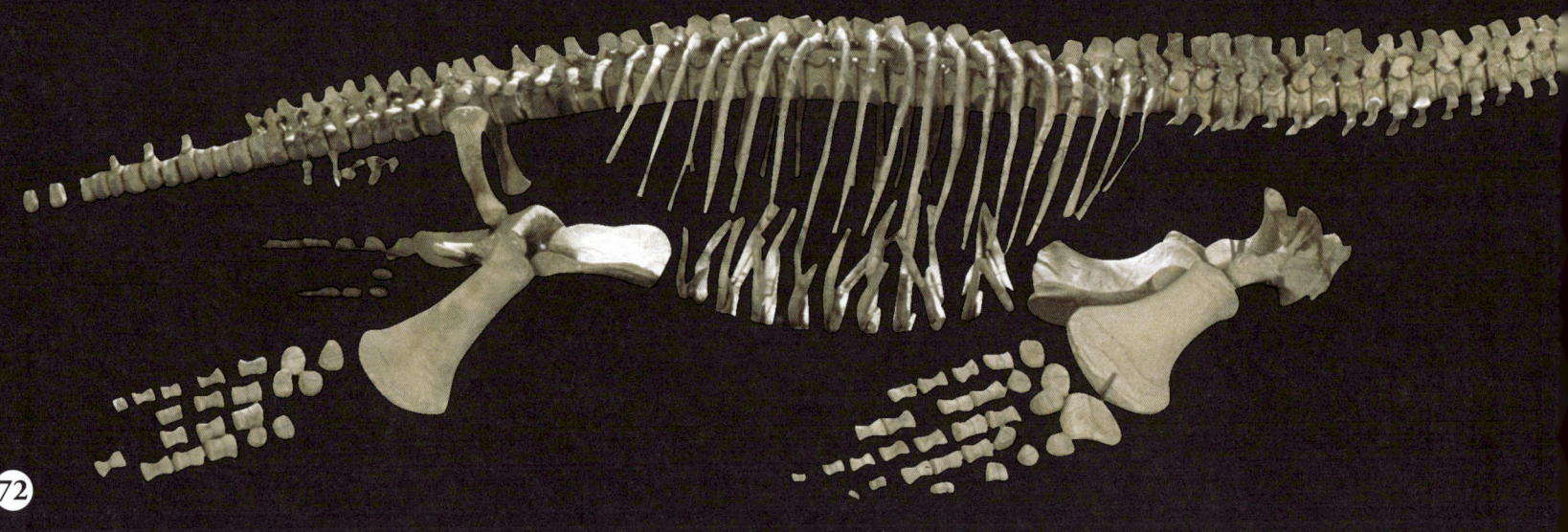

## Artikuliertes Skelett

Bei einem artikulierten oder intakten Skelett hängen alle Knochen wie im lebenden Tier noch zusammen. Damit sich Dinosaurier als artikulierte Skelette erhalten, muss der tote Körper sehr rasch unter Sedimenten begraben werden — bevor es andere Tiere und die Elemente zerstören. Ein artikuliertes Skelett zeigt uns, wie das Tier im Leben aussah.

## Verstreutes Skelett

Skelette aus verstreuten Einzelknochen sind häufiger. Obwohl die Knochen am Fundort durcheinanderliegen, stammen sie offensichtlich von einem einzigen Tier. Nur ein sehr erfahrener Paläontologe kann jeden Knochen an die richtige Stelle setzen.

## Einzelne Knochen

In der Regel werden nur einzelne Knochen in der Nähe von Skeletten gefunden. Manchmal steht fest, zu welcher Dinosaurierart der Knochen gehören könnte. Häufig lässt sich aber nur erkennen, dass der Knochen zu einem Dinosaurier gehörte — welcher, muss offenbleiben.

Am schwierigsten sind einzelne, lose Knochen zu bestimmen, die durch die Verwitterung an die Oberfläche gelangt sind. Obwohl sie keine Verbindung zu anderen Skelettteilen haben, können sie hilfreich sein: Manchmal reicht bereits ein Zahn oder ein Beinknochen aus, um die Herkunft zu erkennen.

Fossile Dinosaurierknochen enthalten nur noch sehr geringe Reste des ursprünglichen Knochenmaterials (Kalziumphosphat). Sie haben zu lange im Gestein gelegen und wurden stark verändert. Grundwasser dringt in den Knochen ein und lagert Mineralien in den Hohlräumen ehemaliger Blutgefäße und Fettdepots ab.

Daher sehen Dinosaurierknochen in Museen nicht weiß aus, sondern haben die braune, schwarze oder rötliche Farbe der eingelagerten Mineralien angenommen.

Tupuxuara

Gasosaurus

73

# Dinosaurier –
## Funde

**D**ie ersten Dinosaurierfossilien wurden um 1820 in Großbritannien gefunden, inzwischen gibt es Fundstellen auf der ganzen Welt. Früher gingen Paläontologen mit Hammer und Meißel auf die Suche. Obwohl ihnen heute Computer und Satelliten zur Verfügung stehen, bleibt ein scharfes Auge immer noch unschlagbar!

## Wo?

### 19. Jahrhundert

In der zweiten Hälfte des 19. Jahrhunderts wurden die wichtigsten Funde in Amerika gemacht. Die Wissenschaftler von den Universitäten der Ostküste zogen mit den Siedlern nach Westen und fanden die ersten Skelette. Es kam zu einem echten Wettbewerb: Jeder wollte die meisten und besten Fossilien finden. Bis 1900 hatten sie insgesamt etwa 150 Dinosaurierarten gefunden.

### 20. Jahrhundert

Überall auf der Erde begann nun die systematische Suche nach Dinosauriern. Deutsche und britische Forscher fanden sie in Afrika, amerikanische Expeditionen in der Wüste Gobi (Mongolei) und australische Schaffarmer auf

*Montana, Amerika, 1897*
Ein wichtiger Fundort für die Dinosaurier der Oberkreide.

*Afrika, 1984*
Sir David Attenborough mit den Knochen eines Sauropoden.

*England, 2004*
Diesen Abdruck könnte ein Iguanodon hinterlassen haben.

ihrem Land. Um 1970 wurden schließlich sogar erste Dinosaurierfossilien in der Antarktis entdeckt.

### 21. Jahrhundert

Heute werden die alten Fundstätten mit neuer Technik untersucht. Damit werden weitere wichtige Entdeckungen gemacht, beispielsweise Abdrücke weicher Körperteile. Mithilfe sorgfältiger Ausgrabungstechniken ist es sogar möglich, den Mageninhalt von Fossilien zu bestimmen – früher undenkbar. Auch andere Zeugnisse werden nun genauer analysiert: Fußabdrücke erzählen uns zwar nicht, wie ein Dinosaurier aussah, sie verraten aber, wie er lebte.

# Wie?

Die meisten Dinosaurier wurden zufällig gefunden. Ein Wissenschaftler, der gezielt nach Dinosauriern sucht, hat eine schwierige Aufgabe vor sich. Er muss nicht nur das richtige Gestein aus der Zeit der Dinosaurier finden, es muss sich auch dort gebildet haben, wo einst Dinosaurier lebten. Er muss berücksichtigen, dass Gesteine mit den Kontinenten gewandert sind. So kann ein Flusssediment heute in einer trockenen Wüste liegen. Man kann sich vorstellen, wie schwierig das Sedimentgestein eines ehemaligen Flussufers in der riesigen Wüste Gobi zu finden ist.

Zum Glück stehen einem Paläontologen viele Hilfsmittel zur Verfügung. Mit Satellitenfotos kann er Regionen wie die Wüste Gobi untersuchen. An der Art, wie die Erde das Licht widerspiegelt, lässt sich auf die Gesteine schließen. So können die Forscher vorab bestimmte Bereiche markieren, in denen das Gestein aus der gesuchten Zeit liegt, und ihre Suche am Boden viel gezielter planen.

Andere Geräte arbeiten wie Radar. Die Strahlen durchdringen das Gestein und liefern eine Art Röntgenbild, auf dem sich vielversprechende Bereiche für die Ausgrabung abzeichnen.

Eine andere Methode benutzt Explosionen auf der Erdoberfläche. Die Schockwellen dringen in das Gestein ein und werden von Strukturen im Fels abgelenkt. Aus dem Muster der Wellen (regelmäßig bei Felsen, unregelmäßig bei Fossilien) können Paläontologen auf lohnende Fossilien schließen.

Die meisten Minerale und damit viele Dinosaurierknochen sind leicht radioaktiv. Diese Strahlung wird von empfindlichen Geräten aufgezeichnet. Da die Mineralien in einem Fossil anders zusammengesetzt sind als im umgebenden Gestein, zeichnen sich fossile Knochen im Messgerät ab. Allerdings wurde diese Methode bisher nur selten angewandt.

**Satellitenbild**
*Die Wüste Gobi.*

**Bodenradar**
*Mit diesem Gerät werden Strukturen in der Erde sichtbar.*

**Magnetometer**
*Dieses Gerät misst die radioaktiven Strahlen eines Fossils.*

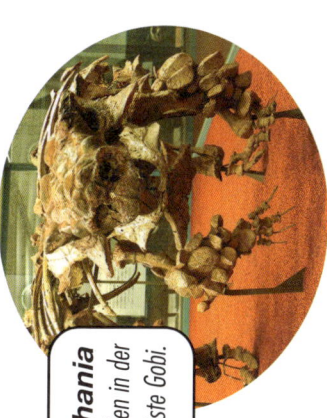

**Saichania**
*Gefunden in der Wüste Gobi.*

# Kannst du das auch?

Es ist schwierig vorherzusagen, wo der nächste große Dinosaurier gefunden wird. Inzwischen sind etwa 500 Arten bekannt. Vielleicht kennen wir damit ein Drittel, vielleicht auch nur ein Fünftel aller Dinosaurier. In den Sedimentgesteinen der Erde warten noch viele unentdeckte Dinosaurier auf die nächsten Forschergenerationen. Jedes ausgegrabene Fossil erweitert unsere Kenntnis um einen weiteren Puzzlestein.

# Planet
## *im* Wandel

D ie Kontinente der Erde sind in ständiger Bewegung. Dieser Prozess wird Plattentektonik genannt. Die Oberfläche der Erde hat sich von Anfang an ständig gewandelt. Sie sah im Zeitalter der Dinosaurier anders aus als heute. So ist beispielsweise der Atlantische Ozean heute 30 Meter breiter als zur Zeit von Christoph Kolumbus.

**SUPERKONTINENT**

Das Bild zeigt die Erde zur Zeit der Dinosaurier. Es fällt sofort auf, dass alle Kontinente in einer riesigen Landmasse zusammengeschlossen sind. Die Kontinente, die seit Milliarden von Jahren über die Erdoberfläche gewandert waren, stießen in der Trias zufällig aufeinander. Der neu entstandene Superkontinent wird Pangäa genannt. Auf Pangäa entwickelten sich die Dinosaurier und besiedelten das Land. Da das Innere des Superkontinentes aus einer heißen Wüste bestand, hielten sie sich in der Nähe der Küsten auf: Alle fossilen Tiere aus der Trias lebten an den Küsten.

Fossilien beweisen, dass sich die Dinosaurier über den gesamten Kontinent ausbreiteten. Am Südrand von Pangäa gefundene Fossilien von langhalsigen, pflanzenfressenden Dinosauriern sehen so ähnlich aus wie die Formen im Gebiet des heutigen Deutschland, am Nordrand von Pangäa. Die Fossilien von kleinen, fleischfressenden Dinosauriern fand man in Süd- und Ostafrika und sehr ähnliche Formen in Arizona (USA), also am Ost- und Westrand von Pangäa.

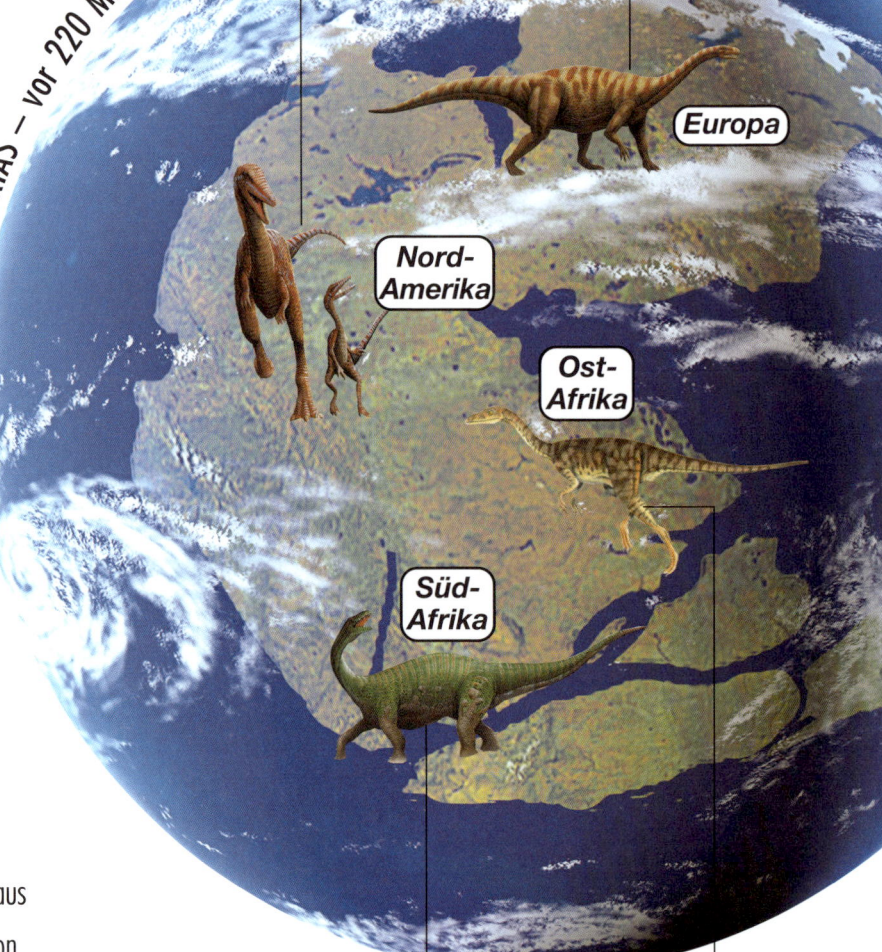

**Coelophysis**
*Ein kleiner, aktiver Theropode, der entlang den nordamerikanischen Flüssen auf Beutejagd ging.*

**Plateosaurus**
*Dieser Prosauropode suchte in den Oasen der trockenen deutschen Trias-Ebenen nach Pflanzennahrung.*

TRIAS – vor 220 Millionen Jahren

*Europa*

*Nord-Amerika*

*Ost-Afrika*

*Süd-Afrika*

**Euskelosaurus**
*Ein südafrikanischer Prosauropode, der so ähnlich aussah und lebte wie Plateosaurus im Gebiet des heutigen Deutschland.*

**Syntarsus**
*Dieser ostafrikanische Theropode sah fast genauso aus wie Coelophysis in Nordamerika.*

**HEUTIGE KONTINENTE · HEUTIGE KONTINENTE ·**

Schließlich brach Pangäa wieder auseinander. Aus ersten schmalen Rissen entstanden Meere und die Kontinente bewegten sich voneinander weg. Am Ende der Kreide – hier endete das Zeitalter der Dinosaurier – waren aus den Bruchstücken jene Kontinente geworden, die wir heute kennen. Auf jedem der neuen Kontinente hatten sich eigene Dinosaurierarten entwickelt.

In Nordamerika lebten völlig andere Dinosaurier als in Südafrika und die Dinosaurier in Europa und Asien unterschieden sich von jenen in Afrika.

Seit dem Ende der Kreide wandern die Kontinente ständig weiter auseinander. Was wäre geschehen, wenn der Riesenmeteorit die Erde verfehlt hätte? Was, wenn die Dinosaurier vor 65 Millionen Jahren nicht ausgestorben wären? Hätten sie sich wirklich zusammen mit den anderen Tieren weiterentwickelt, so wie in diesem Buch gezeigt? Wahrscheinlich sähen die Dinosaurier heute völlig anders aus. Je nach Kontinent hätten sie sich mit unterschiedlicher Geschwindigkeit und anders entwickelt.

**Sauropelta**
*Diese gepanzerten Dinosaurier kamen vorwiegend in Nordamerika und Asien vor.*

**Tarbosaurus**
*Tyrannosauriden waren die großen Fleischfresser der Nordhalbkugel.*

**KREIDE – vor 100 Millionen Jahren**

Altai

Nord-Amerika

Afrika

Süd-Amerika

**Carcharodontosaurus**
*Carnosaurier waren die großen Fleischfresser der Südhalbkugel.*

**Saltasaurus**
*Die Sauropoden starben auf allen Kontinenten aus; sie überlebten nur in Südamerika.*

# Welt
## *im* Wandel

**N**icht nur die Lage der Kontinente veränderte sich im Zeitalter der Dinosaurier. Auch das Klima wandelte sich mehrfach und mit ihm die Pflanzen. Beides beeinflusste die Evolution der Dinosaurier.

### Trias

Die ersten Dinosaurier der Trias lebten überall dort, wo es genügend Wasser gab: an den Meeresküsten, an Flussufern und in Oasen in der Wüste. Die Pflanzenwelt sah völlig anders aus als heute: Auf dem Boden wuchsen Schachtelhalme und Farne. Die strauchgroßen Palmfarne wachsen heute noch in heißen, trockenen Wüsten. Die meisten Bäume waren Nadelbäume, ihre Verwandten wachsen heute in den Gebirgen von Südamerika.

Die ersten pflanzenfressenden Dinosaurier passten sich an diese Nahrung an, doch die Pflanzen reagierten mit Schutzmaßnahmen: Die wichtigste Gruppe der Nadelbäume besaß harte, schwertförmige Nadeln, die sich nur schwer fressen ließen.

*Palmfarn*

**Plateosaurus**
*Die ersten pflanzenfressenden Dinosaurier waren Prosauropoden wie Plateosaurus. Er hatte einen langen Hals, einen kleinen Kopf und einen großen Körper mit langem Darm.*

**Brachiosaurus**
*Die langhalsigen Dinosaurier des Jura konnten sowohl Bodenpflanzen als auch die Nadeln von Bäumen fressen.*

### Jura

Im Jura wurde das Klima milder und feuchter. Pangäa brach langsam auseinander. Am Rand der Kontinente entstanden weite, flache Meere. Noch immer bestand die Pflanzenwelt vorwiegend aus Schachtelhalmen, Farnen, Palmfarnen und Nadelbäumen. Allerdings breiteten sich die Wälder nun weiter aus und die Zahl der Dinosaurier nahm zu. Mit der neuen und üppigeren Pflanzenwelt entstanden die großen Dinosaurier und schließlich die Pflanzenfresser.

*Gleichenites*

Magnolie

**Triceratops**
*Mit dem schmalen Schnabel konnten die gehörnten Dinosaurier der Kreidezeit mundgerechte Bissen von den neuen Blütenpflanzen abreißen.*

## Kreide

Mit dem Beginn der Kreide veränderte sich die Pflanzenwelt. Bis dahin hatten sich die Pflanzen über Sporen verbreitet: Millionen von Sporen wuchsen sofort zu winzigen Pflänzchen aus. Befruchtung und Weiterentwicklung war stark vom Zufall abhängig. Viele der kleinen Pflänzchen wuchsen sehr langsam und wurden sofort von den Dinosauriern gefressen.

Die neuen Pflanzen der Kreide, die Blütenpflanzen, waren ganz anders: Sie bildeten Samen. Die Samen ruhten so lange im Boden, bis die Bedingungen stimmten; dann keimten sie aus und wuchsen sehr schnell heran. Die Blütenpflanzen waren sehr erfolgreich und besiedelten rasch viele Regionen der Erde. Die Dinosaurier passten sich an diese neuen Pflanzen an.

## Heute

Nachdem die Dinosaurier am Ende der Kreidezeit ausgestorben waren, änderte sich die Pflanzenwelt erneut. Das Klima wurde kühler und trockener, die Wälder gingen zurück. Nun breiteten sich Pflanzen aus, die bestens an die neuen Bedingungen angepasst waren – die Gräser.

Gräser haben sehr harte Blätter. Nur Pferde, Rinder und andere hoch spezialisierte Tiergruppen können sie fressen. Da es zur Zeit der Dinosaurier weder Savannen noch Grassteppen gab, mussten sich die Dinosaurier auch nicht an diese spezielle Nahrung anpassen. Die Fossilien sind eindeutig: pflanzenfressende Dinosaurier würden heute nicht überleben, denn sie könnten die Pflanzen unserer Zeit nicht verdauen.

Ein heutiges Gras

**Pferd**
*Die Grasfresser von heute haben sehr kräftige Zähne und ein kompliziertes Verdauungssystem; sie können harte Gräser fressen und verdauen.*

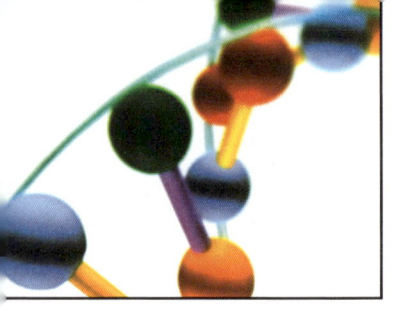

# Evolution

Alle Lebewesen verändern sich kontinuierlich in einem Prozess, der Evolution genannt wird. Dadurch passen sie sich an eine veränderte Umwelt an. Evolution findet statt, seit die ersten Lebewesen auf der Erde erschienen. Auch die Dinosaurier waren ihr unterworfen.

Als die Erdoberfläche abkühlte, formten sich im Wasser die ersten Lebensformen. Wahrscheinlich waren es sehr einfache Zellen. Sie nahmen Nährstoffe direkt aus ihrer Umgebung auf, vermehrten sich und entwickelten sich immer weiter – bis heute.

Zu Beginn des Kambriums, vor etwas mehr als 500 Millionen Jahren, machte die Evolution einen Sprung nach vorn. Plötzlich tauchten Tiere mit harten Schalen auf: Weichtiere und andere Meeresorganismen mit Gehäusen aus Kalk und krabbenartige Gliederfüßer mit Panzern aus Chitin. Die Schalen der toten Tiere verwandelten sich in Fossilien. Seit jener Zeit finden sich zahlreiche fossile Zeugnisse von Meerestieren.

Die nächste Erfindung der Evolution waren Eier mit festen Schalen. Sie konnten auf dem Land abgelegt werden – die Zeit der Reptilien war gekommen.

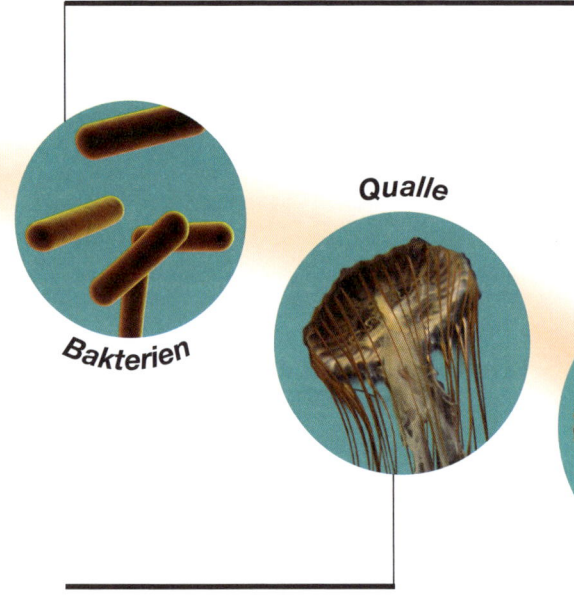

**Bakterien**

**Qualle**

**Nautilus**

**Tiktaalik rosae**

**Westlothiana**

Die Frühzeit der Erdgeschichte wird Präkambrium genannt; sie dauerte etwa sieben Achtel des gesamten Erdalters. In den Meeren des Präkambriums bildeten sich die ersten, unauffälligen Lebewesen. Sie waren klein und hatten weiche Körper, von denen keine fossilen Spuren übrig blieben.

Eine der ursprünglichen Tiergruppen zeichnete sich durch ein knochiges Skelett aus; daraus entstanden die Fische. Es dauerte nicht lange und die Fische verließen das Wasser. Dazu mussten sie sich an die Luftatmung anpassen und brauchten Beine, um auf festem Boden zu laufen. Die ersten Amphibien waren aber noch keine echten Landtiere, denn sie mussten zum Eierlegen ins Wasser zurückkehren.

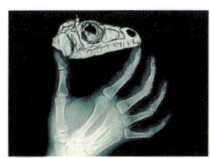 Nachdem die säugetier-ähnlichen Reptilien verschwunden waren, fiel den Dinosauriern die beherrschende Rolle zu. Sie waren derart erfolgreich, dass den Säugetieren weder Raum noch Gelegenheit blieb, sich weiterzuentwickeln. Sie blieben klein und unscheinbar.

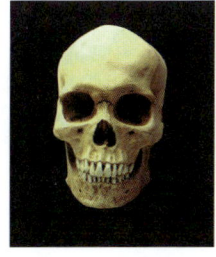 Wären die Dinosaurier nicht ausgestorben, hätten die Säugetiere keine Chance gehabt, alle Lebensräume der Erde mit einer Vielfalt von Arten zu erobern. Die Natur findet immer einen Weg, „Lücken" im Ökosystem zu besiedeln, und als die Dinosaurier ausstarben, wurden viele Lücken für die Säugetiere frei.

**Ouranosaurus**

**Dimetrodon**

**Eoraptor**

Dinosaurier hatten einen großen Vorteil gegenüber den anderen Tieren: Ihre Beine standen wie bei großen Säugetieren unter ihrem Körper. Bei Eidechsen oder Krokodilen stehen die Beine seitlich vom Körper ab, sie müssen ihren Körper hin- und herschwingen. Bei den Dinosauriern lastete das Gewicht dagegen auf den Beinen. Die Dinosaurier entwickelten sich zu zwei Verwandtschaftsgruppen:

 Im Perm entstand eine Vielzahl von Reptilienformen. Besonders wichtig war eine Gruppe, die heute „säugetierähnliche Reptilien" genannt wird. Zuerst entwickelten sie sich sehr gut, starben dann aber fast vollständig aus. Aus den wenigen Überlebenden formte die Evolution später die Säugetiere in Anpassung an eine veränderte Umwelt.

Die „Echsenbeckensaurier" hatten Hüftknochen ähnlich wie heutige Eidechsen (sie hatten allerdings andere Beine). In diese Gruppe gehörten die Fleischfresser und langhalsigen Pflanzenfresser. Die schnellen Fleischfresser liefen auf zwei Beinen. Die viel langsameren Pflanzenfresser liefen auf allen vieren, um das enorme Gewicht ihres Verdauungstraktes zu stützen.

Die „Vogelbeckensaurier" waren Pflanzenfresser. Da ihre Hüftknochen ähnlich wie bei den Vögeln angeordnet waren, lastete das Gewicht ihres Verdauungstraktes zwischen den Beinen und nicht vor den Hüften. Sie konnten zweibeinig auf den Hinterbeinen laufen. Nur einige der stark gepanzerten Arten und Arten mit großen Kopfhörnern waren zu schwer. Sie liefen auf allen vieren.

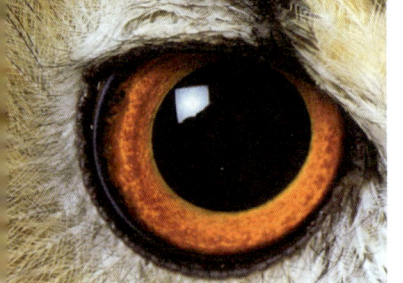

# Nachfahren
## *der* Dinosaurier

**D**ie Dinosaurier haben bis heute überlebt, wenn auch in völlig anderer Form. Es gilt als sicher, dass die Vögel sehr eng mit ihnen verwandt sind: Vögel sind die lebenden Nachfahren der Dinosaurier. Sie stammen von fleischfressenden Dinosauriern aus dem Jura ab, die das Massenaussterben am Ende der Kreide überlebt hatten.

Betrachten wir den ersten bekannten Vogel, den *Archaeopteryx*. Er hatte Federn und Flügel, war also ein Vogel. Andererseits besaß er keinen Schnabel, sondern Kiefer mit Zähnen wie ein Dinosaurier. Seine Flügel endeten in drei Fingern mit Krallen, und er hatte einen langen Schwanz – wie ein Dinosaurier. Er stammte ganz offensichtlich von den kleinen fleischfressenden Dinosauriern seiner Zeit ab.

**Archaeopteryx**
*Der erste Vogel hatte noch viele Merkmale eines Dinosauriers.*

Seit damals haben sich die Vögel zu fliegenden Spezialisten weiterentwickelt. Aus den Kiefern ist ein leichter Schnabel geworden, auch die anderen Körperteile sind extrem leicht gebaut. Die Knochen ihres kompakten Körpers sind verwachsen, um den Flugmuskeln besseren Halt zu geben. Ihr kurzer Schwanzstummel mit den langen Federn wurde zu einem Steuerruder. Obwohl ein moderner Vogel nicht direkt an einen Dinosaurier erinnert, besteht an der Abstammung kein Zweifel.

Die Dinosaurier der Kreide teilten sich ihren Lebensraum bereits mit Vögeln, die heutigen Arten recht ähnlich sahen. Kurz nach *Archaeopteryx* tauchten dann mehrere echte Vögel auf.

**Flügel**
*Die Flügel eines heutigen Vogels sind wie bei Archaeopteryx aufgebaut.*

**Schwanz**
*Der Federfächer hat den langen Schwanz der Dinosaurier ersetzt.*

**Skelett**
*Das Skelett eines heutigen Vogels ist kompakter gebaut als das von Archaeopteryx.*

**Schnabel**
*Der Schnabel eines heutigen Vogels ist leichter als die Kiefer von Archaeopteryx.*

Am Ende der Kreidezeit starben die meisten Vogel-Familien zusammen mit den Dinosauriern aus. Aus den Überlebenden entwickelten sich alle heute noch lebenden Vogelarten.

Schon bald nachdem die Dinosaurier ausgestorben waren, breiteten sich die Säugetiere aus. Da es zunächst keine fleischfressenden, großen Säugetiere gab, vermehrten sich die pflanzenfressenden Säugetiere stark. Wo es eine gute Beute gibt, sorgt die Evolution für neue Fleischfresser: Die Vögel übernahmen die Rolle der Raubtiere.

Flugunfähige Vögel, größer als ein Mensch, suchten nach Beute. Mit langen Hinterbeinen, kurzen Armen, beweglichen Hälsen und großen Köpfen sahen sie so ähnlich aus wie ihre Vorfahren, die fleischfressenden Dinosaurier. Sie töteten ihre Beute mit gewaltigen Krummschnäbeln (viel größer als bei einem heutigen Adler) und zerrissen sie.

Heute gibt es nichts mehr, was an diese Killer erinnert. Ihre Stellung im Ökosystem haben Fleischfresser wie Wölfe oder Löwen eingenommen. Die Entwicklung der Vögel ging weiter bis zu den Formen, die wir heute kennen.

Die Dinosaurier sind also nicht wirklich ausgestorben. Sie haben sich an die veränderte Umwelt angepasst und entwickelten sich durch extreme Anpassung zu den Vögeln. Den Dinosauriern sind Flügel gewachsen und sie flogen davon!

**Phorusrhacos**

*Dieser Killer-Vogel aus dem frühen Tertiär sah so aus wie ein fleischfressender Dinosaurier – und er verhielt sich auch so.*

# Dichtung
### und Wahrheit

## Bleak House

Seit die ersten Fossilien entdeckt wurden, gibt es Geschichten, in denen Dinosaurier mitspielen. Charles Dickens schrieb 1852 in seinem Roman *Bleak House* über das schlechte Wetter und die matschigen Straßen von London, „... es würde mich nicht wundern, einem vierzig Fuß langen *Megalosaurus* zu begegnen, der wie eine elefantenartige Echse auf den Holborn Hill watschelt."

## Reise zum Mittelpunkt der Erde

Seit damals haben sich Schriftsteller immer wieder ausgedacht, wie es wäre, einem Dinosaurier zu begegnen. Jules Verne schrieb seinen Roman *Reise zum Mittelpunkt der Erde* 1864. Darin dringen Forscher durch Spalten und Gänge immer tiefer in die Erde ein und treffen auf alle möglichen Wesen. Sie begegnen zwar keinen Dinosauriern, aber Meeresreptilien, wie Ichthyosauriern, Plesiosauriern und den ausgestorbenen Mammuts.

## Die vergessene Welt

Das berühmteste Buch über Dinosaurier ist *Die vergessene Welt* von Arthur Conan Doyle, der auch die Figur des Sherlock Holmes erdacht hat. In dem 1912 erschienenen Roman entdecken Abenteurer Dinosaurier, die auf einem Felsplateau in Südamerika leben. Sie hatten in der Isolation überlebt, als alle anderen ausstarben.

## Jurassic Park

Das Kino ließ eine ganz neue Dinosaurierwelt entstehen. Durch Tricks und Spezialeffekte konnten Regisseure die Dinosaurier zum Leben erwecken und in Geschichten aus heutiger Zeit spielen lassen. Der berühmteste Film dieser Art ist *Jurassic Park* (1993). Darin isolieren Wissenschaftler das fossile Blut von Dinosauriern und klonen daraus ganze Tiere. Das ist allerdings reine Fantasie – man kann ausgestorbene Tiere nicht auf diese Weise zum Leben erwecken.

**W**äre es nicht fantastisch, wenn Dinosaurier heute noch lebten? Stell dir die Möglichkeiten vor! Schriftsteller und Künstler haben sich häufig mit dieser Idee beschäftigt und ihre Werke hinterlassen. Es gibt Bücher, Fernsehfilme, Comics, Hörspiele – alle handeln von lebenden Dinosauriern und ihrer Begegnung mit Menschen. Es gibt zwar keine Dinosaurier mehr, doch in Büchern und Filmen können sie in der Fantasie wieder auferstehen.

Stegoceras

Das Buch erschien nur zehn Jahre, nachdem der britische Wissenschaftler Sir Richard Owen das Wort „Dinosaurier" erfunden hatte. Damals kannte man von Dinosauriern nur einige Knochen und einzelne Zähne. Die Menschen stellten sie sich wie riesige Eidechsen vor und gingen davon aus, dass sie auf vier Beinen liefen. Seit 1858 wusste man, dass es zweibeinige Dinosaurier gab.

Noch immer hatten die Wissenschaftler keine genauen Vorstellungen davon, wie die ausgestorbenen Tiere ausgesehen hatten – es gab zu wenige Fossilien. Man wusste noch nicht, dass die Ichthyosaurier Rückenflossen und eine Schwanzflosse wie Haie besaßen. Der Ichthyosaurier, den sich Jules Verne ausdachte, sah mehr wie ein Krokodil als ein Fisch aus.

Um 1912 hatten Wissenschaftler bereits eine recht gute Vorstellung davon, wie die ausgestorbenen Tiere aussahen. Sie hatten verschiedene Dinosaurier ausgegraben und kannten Mumien von Entenschnabeldinosauriern mit Muskeln und Haut. In der *Vergessenen Welt* wurden die Dinosaurier ziemlich genau beschrieben. Sie unterschieden sich kaum von dem, was wir heute wissen.

Velociraptor

Tatsächlich kamen die Dinosaurier in dem Film der Wirklichkeit erstaunlich nahe. Die Filmemacher zogen die besten Wissenschaftler zurate, um möglichst realistische Dinosaurier zu erschaffen. Dennoch ist auch dieser Film schon veraltet: Die gefährlichen Velociraptoren im Film sind intelligente Fleischfresser mit einer Schuppenhaut wie Eidechsen. Inzwischen gilt als sicher, dass Velociraptor mit Federn bedeckt war.

## Unser Bild von den Dinosauriern ändert sich mit jedem neuen Fund!

# Was wäre
## wenn ...?

### Was macht einen Dinosaurier aus?

Die Anordnung der Hüftknochen und die Form der Beinknochen. Sie konnten wie Säugetiere mit gestreckten Beinen unter dem Körper laufen.

### Woher kommt der Name Dinosaurier?

Der Name „Dinosaurier" wurde von dem britischen Forscher Sir Richard Owen in einem Vortrag im Jahre 1842 erfunden. Er bedeutet „Schreckerregende Echse" und galt für die drei damals bekannten Dinosaurier: Megalosaurus, Iguanodon und Hylaeosaurus.

**Sir Richard Owen**

### Leben heute noch Dinosaurier?

Nein, es sei denn, man zählt die Vögel dazu. Einige Wissenschaftler sind dafür, die Vögel Dinosaurier zu nennen, weil sie so eng miteinander verwandt sind. Sie unterscheiden zwischen den „Nicht-Vogel-Dinosauriern" und den „Vogel-Dinosauriern".

### Lebten Menschen und Dinosaurier jemals zusammen?

Nein. Als die ersten Menschen auf der Bildfläche erschienen, waren die Dinosaurier bereits seit 60 Millionen Jahren ausgestorben.

### Könnte man Dinosaurier aus fossiler DNA erschaffen?

Nein. Das ist zwar der Stoff für gute Geschichten, aber die DNA (Träger der Erbinformation) bleibt nicht viele Millionen Jahre unversehrt erhalten.

### Wenn heute dennoch Dinosaurier auftauchten, wo könnte man sie ansehen?

In einem sehr großen Zoo! Die meisten Dinosaurier waren sehr groß. Je größer ein Tier ist, desto größer muss auch sein Lebensraum sein. Also müsste das Futter für die Dinosaurier auf riesigen Bauernhöfen angebaut werden. Fleischfresser müssten mit enormen Mengen an Fleisch versorgt werden.

### Wäre es möglich, dass irgendwo auf der Welt, an einem entlegenen Ort, die Dinosaurier überlebt haben?

Ein großer Dinosaurier braucht einen enormen Lebensraum. Solch ein Land wäre längst entdeckt worden.

## Ist das Ungeheuer von Loch Ness ein Dinosaurier?

Ganz sicher nicht. Es gab keine Dinosaurier, die im Wasser lebten. Anders wäre es mit einem Plesiosaurier. Plesiosaurier waren bestens an ein Leben im Wasser angepasste Reptilien: stromlinienförmiger Körper und Kopf, zu Paddeln umgestaltete Beine. Sollte das Ungeheuer von Loch Ness wirklich existieren, müsste es über diese Merkmale verfügen. Damit wäre aber nicht bewiesen, dass Nessie ein Plesiosaurier ist.

## Könnte man Dinosaurier als Haustiere halten?

*Archaeopteryx* und andere kleine gefiederte Dinosaurier könnte man wie exotische Papageien halten.

## Gäbe es Menschen, wenn die Dinosaurier vor 65 Millionen Jahren nicht ausgestorben wären?

Nein. Die Säugetiere konnten sich gerade deswegen weiterentwickeln, weil die Dinosaurier ausstarben. Die Säugetiere zur Zeit der Dinosaurier waren kleine Tiere, ähnlich wie Mäuse oder Opossums. Vielleicht hätten sich daraus Tiere so groß wie Katzen oder Hunde entwickelt. Es gab einfach nicht genügend Platz – Dinosaurier und große Reptilien hatten bereits alle Lebensräume besetzt.

Als die Dinosaurier ausstarben, wurden die Lebensräume frei. Da es keine großen Pflanzenfresser mehr gab, konnte sich ein Zweig der Säugetiere zu großen Pflanzenfressern entwickeln. Den Platz der Fleischfresser nahmen zuerst riesige flugunfähige Vögel, später die Raubtiere der Säugetiere ein.

Menschen sind im Zuge der Evolution entstandene Säugetiere. Hätten die Dinosaurier noch gelebt, wäre das nicht passiert.

## Stammen die heutigen Nashörner von *Triceratops* ab?

Nein. Die beiden Tiergruppen sind völlig verschieden, auch wenn sie sich mit dem massigen Körper und den langen Hörnern sehr ähneln. Obwohl Millionen von Jahren zwischen den beiden liegen, ist ihr Lebensstil recht ähnlich: Ihr Körperbau entwickelte sich in Anpassung an denselben Lebensraum, die dicke Haut schützt sie vor Raubtieren und sie drohen und verteidigen sich mit den Hörnern.

## Könnten die Dinosaurier in unserer Welt überleben?

Ja, wenn die Dinosaurier genügend und die geeignete Nahrung fänden. Die Fleischfresser wären sicher sehr erfolgreich. Mehr Schwierigkeiten hätten die Pflanzenfresser, die nicht an die heutigen Pflanzen angepasst sind. Sie hätten nur in großen Nadelwäldern eine echte Chance.

# Und was ist
## mit …?

### Wie groß war der größte Dinosaurier?

Vermutlich hielt *Sauroposeidon* mit 20 Metern den Rekord. Da von ihm nur vier Halswirbel gefunden wurden, berechnen Forscher seine Größe durch Vergleich mit dem nahe verwandten *Brachiosaurus*.

### Wer war der schwerste Dinosaurier?

Am schwersten war vermutlich *Argentinosaurus*. Er wog zwischen 80 und 100 Tonnen.

### Wie groß ist der größte Fußabdruck eines Dinosauriers?

Die jüngst in Australien gefundenen Fußabdrücke von großen Sauropoden sind etwa einen Meter lang. Es ist aber noch unklar, von welchem Dinosaurier sie stammen.

**Dino-Kot … bääh!**

### Welcher Dinosaurier hatte die meisten Knochen?

Die Zahl der Knochen war bei allen Dinosauriern in etwa gleich (wie bei Katzen und Hunden heute), es gab aber Unterschiede in der Zahl der Schwanzwirbel.

### Wie groß ist ein durchschnittlicher Dinosaurierhaufen?

Paläontologen nennen Dinosaurierkot „Koprolithen". Daraus lässt sich ablesen, wovon sich ein Dinosaurier ernährte. Intakte Kothaufen werden aber nur selten gefunden, weil die meisten zerfielen, ehe sie zu Fossilien wurden. Pflanzenfresser machten quadratmetergroße Fladen. Der Kot von Fleischfressern war kompakter, wie von Katzen oder Hunden. Der Koprolith eines *Tyrannosaurus* war 1 m lang und enthielt die Knochen von *Triceratops*.

### Wie groß war der kleinste Dinosaurier?

Der kleinste bekannte Dinosaurier war *Microraptor* mit 60 cm Länge; er konnte von Baum zu Baum gleiten.

### Wie lang war der längste Hals eines Dinosauriers?

Der Sauropode *Erketu* hatte im Verhältnis zu seinem 3 m langen Körper den längsten Hals — 7 m. Da der Schwanz nicht gefunden wurde ist unbekannt, wie lang *Erketu* insgesamt war. Den absolut längsten Hals hatte *Mamenchisaurus*: 9 m bei einer Körperlänge von 27 m.

### Wer war der schnellste Dinosaurier?

Der schnellste Läufer war vermutlich der Straußendinosaurier *Ornithomimus*, der es auf 40 km/h brachte. Es gab weder schwimmende noch fliegende Dinosaurier (*Microraptor* konnte allerdings gleiten).

### Welcher Dinosaurier war besonders blutrünstig?

Wenn kleine Fleischfresser Tiere erlegen, die größer sind als sie selbst, müssen sie sehr aggressiv vorgehen. Also dürfte die Antwort *Velociraptor* sein.

### Wer war der kräftigste Dinosaurier?

Das waren wahrscheinlich die größten Dinosaurier. *Argentinosaurus* oder *Sauroposeidon* mussten ein gewaltiges Körpergewicht bewegen.

## Welcher Dinosaurier hatte den längsten Schwanz? Der längste erhaltene Schwanz

# T. Rex

**Wer hätte bei einem Kampf gesiegt, *Tyrannosaurus* oder *Spinosaurus*?**

Diese Frage lässt sich nicht beantworten. Sie lebten weder zur gleichen Zeit noch am selben Ort. Beide waren an eine bestimmte Landschaft und spezielle Beute angepasst. Vielleicht hätten sie bei einer Begegnung nicht gewusst, wie sie sich verhalten sollen. Keiner hielt den anderen für eine Beute oder ein Raubtier. Vermutlich wären sie sich einfach aus dem Weg gegangen.

**Wie viele Knochen hatte *Tyrannosaurus*?**

Die genaue Zahl ist unbekannt, da noch nie ein komplettes Skelett gefunden wurde.

**Wie viele Zähne hatte *Tyrannosaurus*?**

Etwa 50.

**Ist es wahr, dass Hühner mit *Tyrannosaurus* verwandt sind?**

Direkt verwandt waren sie nicht, aber wie alle modernen Vögel stammen auch Hühner von fleischfressenden Dinosauriern ab.

**Wie viele *Tyrannosaurus* passen in ein Fußballstadion?**

Nur einer. Wie jedes Raubtier verteidigte *Tyrannosaurus* sein Revier. Er hätte jeden Rivalen sofort angegriffen.

**Wie alt wurde *Tyrannosaurus*?**

Etwa 30 Jahre.

gehörte zu Diplodocus, er war 13 m lang. Von den noch größeren Dinosauriern, wie Seismosaurus oder Supersaurus, blieben keine Schwänze in voller Länge erhalten.

# Wie waren sie wirklich ... ?

## Augen

**Hatten Dinosaurier spaltförmige Pupillen?**
Vielleicht. Wenn die jagenden Fleischfresser nachts auf Beutefang gingen, waren ihre Pupillen vermutlich spaltförmig wie bei den Katzen.

**Wie weit konnte ein Dinosaurier sehen?**
Das kommt darauf an. Jagende Dinosaurier brauchten scharfe Augen, um ihre Beute zu sehen. Bei einigen Arten waren die Augen nach vorne gerichtet, sie konnten also räumlich sehen und Entfernungen abschätzen. Pflanzenfresser mussten eher rundum sehen, um jede gefährliche Bewegung sofort zu erkennen.

**Gab es nachtaktive Dinosaurier?**
Einige jagten sicher nachts. *Troodon* und seine Verwandten hatten sehr große Augen. Vielleicht gingen sie wie Eulen nachts auf Beutejagd. Die kleinen pflanzenfressenden *Leaellynasaura* lebten jenseits des südlichen Polarkreises. Sie mussten auch in monatelanger Dunkelheit Futter finden.

## Männlich/Weiblich

**Wie unterscheidet man männliche und weibliche Dinosaurier?**
Manchmal verrät sich das Geschlecht an der Form der Hüftknochen. Die erwachsenen Tiere in einigen fossilen Dinosaurierherden kommen in zwei Größen vor. Forscher gehen davon aus, dass die großen Tiere weiblich und die kleinen männlich waren. Die Weibchen von Reptilien sind größer, weil sie die Eier bilden müssen.

**Wer führte die Gruppe an, Männchen oder Weibchen?**
Vermutlich ein Männchen, wie bei den meisten heute lebenden Tierarten auch.

## Zähne

**Welcher Dinosaurier hatte die meisten Zähne?**
In den Kiefern von *Edmontosaurus* und den anderen Entenschnabeldinosauriern saßen Hunderte von Zähnen. Sie wurden allerdings nicht alle gleichzeitig benutzt. Einige wuchsen nach, um abgenutzte Zähne zu ersetzen.

**Warum hatten einige Dinosaurier viele kleine, andere dagegen nur wenige große Zähne?**
Form und Zahl der Zähne richten sich nach der Nahrung. Fleischfresser wie *Tyrannosaurus* brauchten in einer Reihe stehende Zähne, die wie eine Säge funktionierten. Bei pflanzenfressenden Prosauropoden wie *Plateosaurus* waren die Zähne überlappend angeordnet, sie konnten Pflanzen wie mit einer Reibe zerkleinern.

**Welcher Dinosaurier hatte die größten Zähne?**
Die größten bisher gefundenen Zähne stammen von *Giganotosaurus*, sie sind 15 Zentimeter lang. Das Bild zeigt sie in Originalgröße.

## Lebensweise

### Welche Farbe hatte Dinosaurierblut?

Da es vermutlich genauso zusammengesetzt war wie bei heutigen Tieren, war es sicher rot.

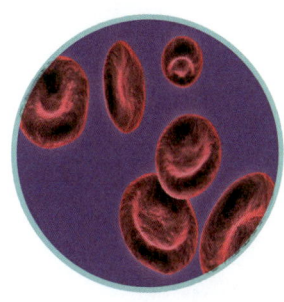

### Wie lange konnte ein Dinosaurier ohne Pause laufen?

Viele der großen Pflanzenfresser zogen auf der Suche nach Futter Hunderte von Kilometer umher.

### Wie kämpften Dinosaurier?

Mit allem, was sie hatten — mit Zähnen, Hörnern, Stacheln oder Schwanzkeulen.

### Gab es Dinosaurier, die sich tarnten?

Da wir nicht wissen, wie Dinosaurier gefärbt waren, lässt sich diese Frage kaum beantworten. Allerdings dürften jagende Dinosaurier Farben gesehen haben, um ihre Beute besser erkennen zu können — folglich gab es vermutlich auch getarnte Pflanzenfresser.

### Warum hatten manche Dinosaurier so lange Hälse?

Mit dem langen Hals erreichten sie Futter und Wasser, ohne ihre schweren Körper bewegen zu müssen.

### Wie sah die Haut der Dinosaurier aus?

Die wenigen Hautfetzen, die als Fossilien gefunden wurden, tragen flache Schuppen. Sie sind nicht überlappend wie bei einem Fisch, sondern wie bei einer Eidechse nebeneinander angeordnet. Bei manchen Arten ragen Knochenabschnitte bis in die Haut vor; sie sind mit Horn bedeckt. Kleine Dinosaurier trugen ein Federkleid.

## Geburt & Tod

### Brachten Dinosaurier lebende Junge zur Welt oder legten sie Eier?

Da viele Nester mit Eiern gefunden wurden, legten die meisten Dinosaurier Eier. Allerdings besaßen die Pachycephalosaurier breite Hüften; sie könnten lebende Junge zur Welt gebracht haben.

### Wie lange dauerte es, bis ein Dinosaurierbaby erwachsen war?

Kleine Fleischfresser wie *Troodon* waren mit 3 bis 5 Jahren erwachsen. Der Prosauropode *Massospondylus* brauchte dafür 15 Jahre. Ein großer Sauropode wie *Bothriospondylus* war erst nach 43 Jahren erwachsen. *Tyrannosaurus* wurde besonders genau untersucht. Er wuchs bis zum Alter von 14 Jahren langsam, dann bis 18 (Erwachsenenalter) ziemlich schnell; und er starb mit 30 Jahren.

### Konnte ein Dinosaurier an einer Krankheit sterben?

Das kam sicher vor. Man hat deformierte Knochen gefunden, die nur durch eine Krankheit erklärt werden können (dieser Knochen ist durch Krebs verformt). Eine Theorie besagt sogar, dass wandernde Dinosaurier eine Krankheit verbreiteten und damit für das Aussterben verantwortlich waren.

### Waren die Parasiten der Urzeit tödlicher als die heutigen?

Parasiten befallen immer nur ein bestimmtes Lebewesen. Daher waren die Parasiten der Dinosaurierzeit genauso gefährlich wie die Parasiten heute.

### Wie lange lebten Dinosaurier?

Das war unterschiedlich. Kleine Fleischfresser lebten vermutlich nur kurz, während große Fleischfresser wie *Tyrannosaurus* mit 30 Jahren starben. Die großen Sauropoden wurden vermutlich 100 Jahre alt. Allerdings hatten die Dinosaurier ein schweres Leben; viele starben vermutlich früher.

### Welcher Dinosaurier lebte am längsten und wie lange?

Die großen Sauropoden lebten am längsten. Wie alt sie wurden, hängt davon ab, ob sie Warmblüter oder wechselwarme Tiere waren. Als Warmblüter erreichten sie rund 120 Jahre. Ein wechselwarmer Sauropode hätte 200 Jahre alt werden können. Da in wechselwarmen Tieren alle Lebensprozesse langsamer ablaufen, können sie älter werden.

# Wusstest du ...?

Ankylosaurus

## Lebten alle Dinosaurier zur selben Zeit?

Nein. Die ersten Dinosaurier waren noch sehr einfach gebaut. Im Laufe der Zeit entstanden neue Arten mit unterschiedlichen Formen und Größen. Einige Gruppen, beispielsweise die Stegosaurier, starben schon früh wieder aus. Ihre Stelle nahmen andere Dinosaurier ein – der *Ankylosaurus* lebte 75 Millionen Jahre nach *Stegosaurus*.

## Kennt man die Farben der Dinosaurier?

Die Farbe der Haut bleibt bei der Versteinerung nicht erhalten. Es ist aber möglich, einen Dinosaurier mit einem heutigen Tier zu vergleichen, das dieselbe Lebensweise in derselben Umgebung hat. Das Tier der Urzeit könnte ähnlich gefärbt gewesen sein. Vermutlich waren also die fleischfressenden Dinosaurier gestreift wie Tiger oder gefleckt wie Leoparden. Sehr große Pflanzenfresser waren vermutlich grau wie Elefanten.

## Lebten überall auf der Erde dieselben Dinosaurier?

Nein. Zu Beginn der Dinosaurierzeit entstanden an verschiedenen Orten der Erde ähnliche Formen. Als jedoch der Trias-Kontinent Pangäa im Jura in Kontinente auseinanderbrach, entwickelten sich die getrennten Dinosaurier unabhängig voneinander. In der Kreide gab es auf jedem Kontinent unterschiedliche Dinosaurierarten.

## Wie sicher wissen wir, wie ein Dinosaurier aussah?

Diese Frage ist schwer zu beantworten. Die Vorstellung, wie ein Dinosaurier aussah, änderte sich ständig. Als die ersten Knochen gefunden wurden, wusste man nur, dass sie von einem riesigen Reptil stammten: Also stellten sich die Wissenschaftler eine Rieseneidechse vor. In der ersten Darstellung sah *Iguanodon* so aus wie ein Leguan. ①

Etwas später fand man heraus, dass die Beine nicht seitlich, sondern unter dem Körper saßen. Sie stützen den Leib wie große Pfeiler. Entsprechend nahm *Iguanodon* die Form eines Nashorns an. ②

Als die ersten artikulierten Skelette gefunden wurden, sahen die Paläontologen zum ersten Mal die gesamte Form. In den Zeichnungen aus dieser Zeit stand *Iguanodon* wie ein Känguru auf seinen Hinterbeinen und stützte sich auf den Schwanz. ③

Heute gilt *Iguanodon* wieder als vierfüßig laufendes Tier, das den Schwanz hoch trug. Vielleicht werden uns weitere Funde dazu zwingen, *Iguanodon* erneut eine andere Gestalt zu geben. ④

**Triceratops**

## Arten

### Welcher Dinosaurier kam am häufigsten vor?

An Fundstellen der gehörnten Dinosaurier wie *Triceratops* liegen manchmal Tausende von Tieren. Es muss sich um riesige Herden gehandelt haben. Sie dürften die häufigsten Dinosaurier gewesen sein.

### Wie viele Dinosaurierarten gab es?

Inzwischen sind über 500 Arten bekannt, doch es werden regelmäßig neue entdeckt.

### Wer lebte vor den Dinosauriern auf der Erde?

Alle möglichen Tiere: Insekten, Schalentiere, Amphibien, Reptilien – alle Tiere, die es heute noch gibt (bis auf die Vögel). Die Säugetiere entstanden etwa zur gleichen Zeit wie die Dinosaurier.

**Tyrannosaurus**

## Erster & Letzter

### Wer war der erste und wer der letzte Dinosaurier auf der Erde?

Der älteste Dinosaurier ist bisher *Eoraptor*. Dieser kleine Fleischfresser stammt aus der oberen Trias in Südamerika. Am Ende der Kreide starben alle Dinosaurier gemeinsam aus, es gibt also wohl nicht „den" letzten. Immerhin überlebten *Tyrannosaurus*, *Ankylosaurus* und *Triceratops* bis zum Schluss.

**Quastenflosser**

**Eoraptor**

## Entdeckungen

### Welcher Dinosaurier wurde als Erstes entdeckt?

*Megalosaurus.*

### Wo liegen die berühmtesten Fundorte?

In den Staaten im Mittleren Westen der USA: Wyoming, Colorado und Montana.

### Wo findet man am ehesten Dinosaurierfossilien?

In Gesteinen, die zur Zeit der Dinosaurier entstanden; in Sedimenten von Seen, Flüssen und Wüsten.

### Was ist das älteste Fossil?

Wahrscheinlich 3,5 Milliarden Jahre alte fossile Bakterien.

### Werden alle Dinosaurierfossilien entdeckt werden?

Nein. Die meisten sind tief unter der Erde verborgen. Gefunden werden nur Fossilien, die nahe an der Oberfläche liegen.

### Werden noch weitere Dinosaurier gefunden werden?

Ja. Die Paläontologen sind sich einig, dass erst ein Bruchteil aller Fossilien entdeckt wurde. Vor allem in abgelegenen Regionen warten noch viele Fossilien auf ihre Entdeckung.

# Worterklärungen

**Aas** Der Körper eines verstorbenen Tieres.

**Aasfresser** Tiere, die sich von Aas ernähren.

**Abtragung** Wasser, Wind oder Erdrutschungen tragen die lockere Oberfläche der Erde ab; damit werden Gebirge im Laufe von Jahrmillionen immer flacher.

**Ammoniten** Eine ausgestorbene Gruppe von Weichtieren mit schneckenartig aufgerollten Gehäusen. Ihre Fossilien werden in Meeresablagerungen aus Jura und Kreide gefunden.

**Amphibien** Tiergruppe, die im Wasser und an Land leben kann.

**Äquator** Eine gedachte Linie (Breitenkreis 0°); sie teilt die Erde in eine Nord- und eine Südhalbkugel.

**Archäologie** Die Wissenschaft von der menschlichen Geschichte und Frühgeschichte. Archäologen graben die Spuren von Menschen aus und untersuchen die Funde.

**Atmosphäre** Gasschicht, die sich wie eine Schale um die Erde legt.

**Aufwinde** Warme, aufsteigende Luftströmungen.

**Ausgrabung** Die Erde über einer Fundstätte wird sehr vorsichtig entfernt, um fossile Reste von Tieren zu finden.

**Bakterien** Mikroskopisch kleine, sehr ursprüngliche Organismen; einige davon können Krankheiten erregen.

**Barten** Biegsame Knorpelstreifen, die vom Gaumen eines Bartenwals herabhängen. Damit filtern sie ihre Nahrung aus dem Wasser.

**Brüten, Brut** Die Eier von Vögeln und Dinosauriern brauchen Wärme, damit sich die Jungen darin entwickeln können.

**Cephalopoden** Die Kopffüßer sind eine sehr alte Tiergruppe mit langen Tentakeln am Kopfende. Moderne Vertreter sind Kraken und Kalmare.

**Ceratopsiden** Dinosaurier, die sich mit Nackenschilden, Stacheln und Hörnern gegen Angreifer wehren konnten.

**Chitin** Halb durchsichtiges, hartes Material; häufig im Tierreich. Insektenpanzer bestehen aus Chitin.

**Eiszeit** Eine geologische Periode, in der das Klima auf der Erde viel kälter war als heute; weite Teile des Landes waren von Gletschern bedeckt.

**Entenschnabeldinosaurier** Dinosaurier mit breiter Schnauze, die an den Schnabel einer Ente erinnert.

**Erdzeitalter** Geologen teilen die Geschichte der Erde in die langen Erdzeitalter ein, die in Perioden untergliedert werden. Ein Erdzeitalter dauert gewöhnlich mehrere Hundert Millionen Jahre. Das Erdzeitalter des Mesozoikums setzt sich aus Trias, Jura und Kreide zusammen.

**Evolution** Die Entstehung von neuen Tier- und Pflanzenarten aus ihren Vorfahren; durch die Evolution passen sich die Lebewesen immer besser an die Umwelt an.

**Farn** Blütenlose Pflanze mit federartigen oder blattförmigen Wedeln.

**Fleischfresser** Ein Tier, das sich ausschließlich von anderen Tieren ernährt.

**Fossil** Die versteinerten Überreste oder Abdrücke einer urzeitlichen Pflanze oder eines Tieres, die sich bis heute erhalten haben.

**Geologie** Die Wissenschaft von der Erde, ihrer Entstehung und Veränderung.

**Gestein** Natürlich vorkommende Substanzen, aus denen sich die Erdkruste zusammensetzt. Gesteine bestehen gewöhnlich aus verschiedenen Mineralen.

**Gewebe** Die lebenden Zellen eines Körpers, die zu spezialisierten Organen vereint sind.

**Gletscher** Eine mächtige Eisschicht, die sich über das Land legt.

**Gliederfüßer** Eine Gruppe wirbelloser Tiere mit hartem Außenpanzer und gegliederten Beinen; Insekten, Spinnen und Krebse sind Gliederfüßer.

**Grabenbruch** Ein Tal mit steilen Wänden; es entstand, als ein Teil der Erdkruste zwischen zwei Bruchlinien einbrach.

**Ichthyosaurier** Eine Gruppe von schwimmenden Reptilien aus dem Mesozoikum. Sie hatten fischartige, stromlinienförmige Körper und Schwanzflossen.

**Kalk** Ein weißes oder fast farbloses Mineral.

**Kohle** Schwarzes, brennbares Gestein, das aus den fossilen Resten von Pflanzen besteht.

**Kontinent** Die großen Landmassen der Erde.

**Landmasse** Sehr großes, festes Land, das oberhalb des Meeresspiegels liegt.

**Lebewesen** Überbegriff für alle Formen des Lebens: Mikroorganismen, Einzeller, Pflanzen oder Tiere.

**Marginocephalier** Eine Gruppe von Dinosauriern mit gepanzerten Köpfen. Dazu gehörten Pachycephalosaurier wie *Stygimoloch* und Ceratopsiden wie *Triceratops*.

**Massenaussterben** Ein katastrophales Ereignis, bei dem sehr viele Tier- und Pflanzenarten von der Erde verschwinden. In der Geschichte des Lebens auf der Erde kam es fünfmal zu einem Massenaussterben.

**Meereshöhe** Die Höhe einer Landfläche über dem Meeresspiegel.

**Meteorit** Ein Gesteinsbrocken, der durch das Weltall rast und auf die Erde stürzen kann.

**Mineral** Eine in der Natur vorkommende chemische Verbindung. Minerale sind die Bausteine der Gesteine.

**Molekül** Eine Verbindung aus mehreren Atomen.

**Mosasaurier** Eine Gruppe großer schwimmender Reptilien aus der Kreide. Sie sind eng mit den modernen Waranen verwandt.

**Nachtaktiv** Tiere, die nachts auf Futtersuche oder die Jagd gehen.

**Nadelbäume** Große Gruppe von

Bäumen mit Zapfen und immergrünen, nadelförmigen Blättern.

**Oase** Grüne Flächen innerhalb einer Wüste. In Oasen gibt es eine Quelle, daher können hier Pflanzen wachsen.

**Offene Steppen oder Flächen** Landschaften, in denen keine Bäume wachsen.

**Ornithischier** Pflanzenfressende Dinosaurier mit einem Schnabel; sie lebten in Herden zusammen.

**Ornithopoden** Zweibeinig laufende, pflanzenfressende Dinosaurier, die im Obertrias, Jura und der Kreide lebten.

**Paläontologe** Ein Forscher, der sich mit der Paläontologie beschäftigt.

**Paläontologie** Die Wissenschaft von den Fossilien und dem Leben in der Frühzeit der Erde.

**Palmfarn** Sehr alte, tropische Pflanzengruppe, die im Aussehen an Palmen erinnert.

**Periode** Großer Abschnitt innerhalb der Erdgeschichte. Die Erdzeitalter sind in mehrere Millionen Jahre dauernde Perioden untergliedert; Trias, Jura und Kreide sind Perioden. Viele Perioden sind untergliedert: Die Vorsilbe „Unter" bezeichnet den ältesten, „Ober" den jüngsten Abschnitt einer Periode.

**Pflanzenfresser** Ein Tier, das ausschließlich von pflanzlicher Nahrung lebt.

**Pflanzenwelt** Die Gesamtheit aller Pflanzen in einer bestimmten Zeit oder an einem bestimmten Ort.

**Plankton** Winzige, im Wasser des Meeres treibende Pflanzen oder Tiere.

**Plateau** Hoch gelegenes, flaches Land.

**Plattentektonik** Ein Prozess, der die Landmassen der Erde ständig verändert. Die Kontinente (Platten) wandern über die Erdoberfläche; sie vereinen und trennen sich wieder. Den Antrieb der Bewegung liefert Lava aus dem Erdmantel. Sie wird unter der Meeresoberfläche an die Oberfläche gedrückt, schiebt die Kontinente auseinander und versinkt am Rand der Kontinente wieder in der Tiefe.

**Plesiosaurier** Große, fossile Reptilien aus dem Mesozoikum. Sie hatten große, ruderartige Beine und einen langen, beweglichen Hals.

**Pliosaurier** Gehören zur Gruppe der Plesiosaurier, haben aber einen kurzen Hals, einen großen Kopf und mächtige Kiefer mit Zähnen.

**Prosauropode** Vorfahren der langhalsigen, pflanzenfressenden Dinosaurier; sie lebten gegen Ende der Trias.

**Pterosaurier** Eine Gruppe fliegender Reptilien aus dem Mesozoikum. Sie flogen mit dünnen Flughäuten, die zwischen den verlängerten Fingern aufgespannt waren. *Pterodactylus* war ein Pterosaurier.

**Pulverisieren** Einen festen Stoff bis zu Staub zerkleinern.

**Radioaktivität** Die Atome mancher Elemente zerfallen in kleinere Einheiten (andere Elemente) und geben dabei Strahlung ab. Die frei werdende Energie wird Kernenergie genannt.

**Räumliches Sehen** Beide Augen sind nach vorn auf denselben Gegenstand gerichtet. Da sich der Blickwinkel etwas unterscheidet, kann das Gehirn ein räumliches Bild der Umgebung zeichnen.

**Riff** Riffe sind hügelartige Ketten im Flachwasser der Meere. Riffe werden von Korallen und anderen Lebewesen gebildet.

**Sauropoden** Extrem große pflanzenfressende Dinosaurier; sie hatten lange Hälse und Schwänze, einen kleinen Kopf und säulenartige Beine.

**Savanne** Mit Gras bewachsene Ebene in den heißen Regionen der Erde; in der Savanne wachsen keine oder nur wenige Bäume.

**Schachtelhalme** Blütenlose Pflanze mit nadelartig dünnen Seitensprossen und gegliedertem, hohlem Stängel.

**Sediment** Lockeres Material, das vom Wasser oder Wind transportiert wird und sich an Land oder am Boden von Gewässern absetzt.

**Sedimentgestein** Gesteine, die aus verhärtetem Sediment bestehen.

**Silizium** Ein chemisches Element, das in Verbindung mit anderen Elementen in vielen Gesteinen enthalten ist. Quarz, Sandstein und Sand enthalten Silizium-Verbindungen.

**Stegosaurier** Pflanzenfressende Dinosaurier mit einer Doppelreihe Knochenplatten auf dem Rücken.

**Strata** Flach abgelagerte Sedimente, die sich zu Gestein verfestigen können.

**Stratigrafie** Eine Disziplin der Geologie, die sich mit der schichtweisen Ablagerung von Gesteinen und den darin lagernden Fossilien beschäftigt.

**Tektonik** Großräumige Veränderungen der Erdkruste.

**Theropoden** Fleischfressende, auf zwei Beinen laufende Dinosaurier mit langen Schnauzen, Hinterbeinen mit drei Zehen und kleinen Armen mit Krallenhänden.

**Thyreophora** Eine Gruppe gepanzerter Dinosaurier. Dazu gehörten die Platten tragenden Stegosaurier wie *Stegosaurus* und die gepanzerten Ankylosaurier wie *Euoplocephalus*.

**Tierwelt** Die Gesamtheit aller Tiere in einer bestimmten Zeit oder an einem bestimmten Ort.

**Trilobiten** Eine Gruppe von Gliederfüßern, die in den Meeren des Paläozoikums lebten.

**Tsunami** Riesige Welle, die durch ein Erdbeben unter Wasser und andere Katastrophen ausgelöst wird.

**Tyrannosaurier** Eine Gruppe von Dinosauriern mit großen, massigen Schädeln, kurzem, kräftigem Hals und kleinen Ärmchen mit nur zwei Fingern.

**Ursprünglich** Lebewesen am Anfang der Evolution, die sich noch nicht weit entwickelt haben.

**Verwitterung** Der Wechsel von Frost und Wärme oder chemische Reaktionen zerstören festes Gestein. Das lockere Material kann dann abgetragen werden.

**Vulkan** Ein Berg oder Hügel, aus dem Lava, Glut, heiße Gase und Asche aus dem Erdmantel an die Oberfläche dringen.

**Wechselwarme Tiere** Die Körpertemperatur dieser Tiere entspricht der Temperatur der Umgebung. Reptilien und die meisten Dinosaurier sind wechselwarm.

**Wirbellose Tiere** Gruppe von Tieren, die kein Rückgrat (Wirbelsäule) ausbilden.

**Wirbeltiere** Tiere mit einer Wirbelsäule.

**Wüste** Eine Landschaft, in der mehr Wasser verdunstet, als vom Himmel als Niederschlag fällt.

# Register

**Picture Credits**

t = top, b = bottom, c = centre, l = left, r = right. On pages which have many images, A is the image at the top, B is the next one down and so on.

**Alamy:** 1, 2-3 (Worldfoto), 6-7 (Worldfoto), 18-19 background (Blaine Harrington III), 24-25 (Tim Graham), 64-65 background (Pegaz), 81C left (Mervyn Rees). **Lisa Alderson:** 7C, 11C, 33C, 70E, 77A. **John Alston:** 13D, E. **Archaeological Services, Durham University:** 75C. **American Museum of Natural History:** 29B (Peter May), 39B. **Ardea:** OBCtc (Francois Gohier), 46-47 (Francois Gohier). **Leonello Calvetti:** OBC, 10-11, 15C, 16-17, 25c, 28-29, 34-35, 35C right, 42t, 43cl, 77E, 78tr, 78bl, 79tr, 81C right, 91B right, 85D, 86B, 92A, C, 93A, B. **Kenneth Carpenter, Ph.D:** 75D. **Comstock Images:** 21D right. **Corbis:** OBCtr, 8-9 background photography (W. Perry Conway), 36-37 (Ian Hodgson/ Reuters), 86C (Corbis Sygma/ Siemoneit Ronald), 87B (Sam Forencich/ Veer). **© Crown Copyright/MOD. Reproduced with the permission of the Controller of Her Majesty's Stationery Office:** 17C. **Frank DeNota:** 18-19, 20-21, 22-23, 23B, 24tl, 56-57, 67bl, 82cr, 87A, 90tl. **Jean Dixon:** 35D right. **DK Images:** 13B, 53D (Luciano Corbella). **FLPA:** OBC tl, 12-13 background (Yva Momatiuk/ John Eastcott/ Minden Pictures), 39C right (Winfried Wisniewski). **Faujas de Saint Fond, B. 1799. Histoire Naturelle de la Montagne de Saint Pierre de Maëstricht. Paris, 263 pp., 54 pls. Provided Mike Everhart, Oceans of Kansas Paleontology:** 51B. **Fossil Finds:** 35B. **Getty Images:** OFC tr (Image bank), OFC b (Stone), 26-27 background (Stone), 44-45 background (Taxi), 48-49 (Science Faction), 67br (Image Bank), 93C (Taxi), 93E (Science faction). **Geoscience:** 71A, 71B, 71D, 71F, 71H. **Gondwana Studios:** 51D. **Roger Harris:** 43t, 89A. **Andrew Kerr:** 50-51, 54cr, 55tr, 58-59, 59C, 60-61, 62-63, 64-65, 65C right. **Michele Koons & Jennie Sturm:** 75B. **Illustration by Berislav Krzic:** 47C. **Simon Mendez:** OFC, OBCtl, OBC tc, OBC tr, 1, 2-3, 4F, 4G, 5F, 6-7, 8-9, 9D, 12-13, 14-15, 26-27, 33C, 36-37, 37C right, 38-39, 40-41, 41C left, 42bl, 46-47, 46-53, 56tl, 67tl, 67tl, 67tr, 70B, 70C, 70G, 70H right, 70J right, 76A, 76B, 76D, 88E, 89B, 91D right. **Museum of Utah:** 17B. **Natural History Museum, Oslo:** 21D left. **Natural History Museum London:** 5B, 7B left, 9B, 17D (De Agostini), 21B (John Holmes), 21C (John Holmes), 23C, 33B, 39C left, 41B, 45C, 45D (Anness Publishing), 49D, 53B, 57C (John Sibbeck), 59D (John Sibbeck), 61B, 65D right (Anness Publishing), 70F (Michael Long), 70I left, 70I right, 72tl, 72b, 73b, 74B, 75A (PlantObserver.com), 76C

(Anness Publishing), 77B (Audrey Atuchin), 77C (Anness Publishing), 78br, 80C left, 81B left (Michael Long), 81B centre left (De Agostini), 81D, 84A, 87C, 88B, 88D (Anness Publishing), 90A, 90B, 90C, 91D left, 92B, 92D, 92F, 92G, 93D (De Agostini). **NaturePL:** OBC (Nick Garbutt), 11D (Dave Watts), 14-15 Background, 16-17 background (Nick Garbutt), 38-39 background (Jurgen Freund), 40-41 (Anup Shah), 50-51 background (Neil Lucas), 53C (Todd Pusser), 82bl (Jose B. Ruiz). **Naturhistorisches Museum:** 15B. **NHPA:** 28-29 Background (Stephen Dalton), 30-31 background (John Shaw), 32-33 (John Shaw). **Oxford City Museum:** 5D. **Oxford Scientific:** 5H (Daniel Cox), 45D (Thomas Haider), 47F (Richard Herrmann), 59E (Tui De Roy). **Peterborough Museum:** 47B. **Photolibrary.com/ Rubberball:** 37C left. **Rex Features/ Everett Collection:** 66cr (20thC Fox), 84B, 85C, 86F. **Paul Sereno:** 81A left. **Luis Rey:** 4C, 70J, 70K, 77D. **Science Photo Library:** 4A, 4E, 25br (Gustoimages), 49E, 51C (Chris Butler), 57D (Jim Zipp), 68tl (David A. Hardy), 69tl (D. Van Ravenswaay), 69bl (D. Van Ravenswaay), 69br (David Parker), 70tl (Jim Amos), 74 tl (Ge Astro Space), 76tl (Nasa), 76 background (Christian Darkin), 77 background (Christian Darkin), 78tl (Gail Jankus), 79tl (Adrian Thomas), 79br (Gustoimages), 80tl (Alfred Pasieka), 80A left (Martin Land), 82tl (David Aubrey), 85B (Sheila Terry), 86E (Victor Habbick Visions), 88A (Sinclair Stammers), 89C (Martin Land). **Science Faction.net:** 5A, 27C, 58-59 background (Paul Bowen), 58-59 foreground (Ed Darack), 66bl (Paul Bowen). **Peter Scott:** 5J, 31, 32-33, 48-49, 80B centre, 85A. **Shutterstock:** 4B, 5C, 5E, 5G, 5I, 9C, E, 10-11 Background photography, 11B, 13C, 20-21 Background photography, 22-23 Background photography, 23D, 24cr, 24bl, 25t, 27B, 33D, 33E, 33F, 34-35 Background photography, 35C left, 35D left, 37C centre, 41C right, 41D right, 42-43 background t, 42br, 43br, 49B, 49C, 52-53 Background photography, 54-55t, 55br, 57B, 60-61 Background photography, 61C,D,E, 65C left, 66-67 background t, 68-69 background, 70A, 70L, 70M, 71C, 71G, 74C,78cl, 79bl, 80A centre, 80B left, 80B centre left, 81A right, 81B right, 83l, 84tl, 86tl, 86D, 87D, 87E, 87F, 87G, 88tl, 91A left, 91A right, 91C, 92tl. **Adam Stuart Smith/ The Plesiosaur Directory www.plesiosauria.com:** 53E. **Stevebloom.com:** 56-57 background. **Superstock:** 41D left, 51E (Prisma), 54bl (Age footstock), 55bl (pixtal). **Franco Tempesta:** 4D, 44-45, 50-51 (net), 80B centre right, 80B far right, 83r. **Ticktock Media Archive:** 7A, 9A, 11A,B,D, D right, 13A, 15A,D,E,F, 17A, 21A, 23A, 27A, 29A, 33A, 35A, 37A,B, 39A, 41A, 45A,B,E, 47A, 49A, 51A, 53A, 57A, 59A, 61A, 65A, 69cl, 80C right, 84D. **Chris Tomlin:** 70H left, 70J left, 80A right. **Ian Troth:** 49F. **Valley Anatomical Preparations Inc:** 90A right. **Wikipedia:** 59B, 65B, 73t, 84C, 86A, 92E.